格致方法·定量研究系列　吴晓刚　主编

关 联 模 型

［美］黄善国 著

肖东亮 译

SAGE Publications, Inc.

格致出版社　上海人民出版社

图书在版编目(CIP)数据

关联模型 / (美)黄善国著；肖东亮译. -- 上海：
格致出版社：上海人民出版社，2024. -- (格致方法).
ISBN 978-7-5432-3627-1

Ⅰ. C32

中国国家版本馆 CIP 数据核字第 2024U4842T 号

责任编辑　刘　茹

格致方法·定量研究系列

关联模型

[美]黄善国　著

肖东亮　译

出　　版　格致出版社
　　　　　上海人民出版社
　　　　　(201101　上海市闵行区号景路 159 弄 C 座)
发　　行　上海人民出版社发行中心
印　　刷　浙江临安曙光印务有限公司
开　　本　920×1168　1/32
印　　张　6
字　　数　120,000
版　　次　2024 年 11 月第 1 版
印　　次　2024 年 11 月第 1 次印刷
ISBN 978 - 7 - 5432 - 3627 - 1/C・327
定　　价　52.00 元

出版说明

由吴晓刚(原香港科技大学教授,现任上海纽约大学教授)主编的"格致方法·定量研究系列"丛书,精选了世界著名的SAGE出版社定量社会科学研究丛书,翻译成中文,起初集结成八册,于2011年出版。这套丛书自出版以来,受到广大读者特别是年轻一代社会科学工作者的热烈欢迎。为了给广大读者提供更多的方便和选择,该丛书经过修订和校正,于2012年以单行本的形式再次出版发行,共37本。我们衷心感谢广大读者的支持和建议。

随着与SAGE出版社合作的进一步深化,我们又从丛书中精选了三十多个品种,译成中文,以飨读者。丛书新增品种涵盖了更多的定量研究方法。我们希望本丛书单行本的继续出版能为推动国内社会科学定量研究的教学和研究作出一点贡献。

总　序

　　2003 年，我赴港工作，在香港科技大学社会科学部教授研究生的两门核心定量方法课程。香港科技大学社会科学部自创建以来，非常重视社会科学研究方法论的训练。我开设的第一门课"社会科学里的统计学"（Statistics for Social Science）为所有研究型硕士生和博士生的必修课，而第二门课"社会科学中的定量分析"为博士生的必修课（事实上，大部分硕士生在修完第一门课后都会继续选修第二门课）。我在讲授这两门课的时候，根据社会科学研究生的数理基础比较薄弱的特点，尽量避免复杂的数学公式推导，而用具体的例子，结合语言和图形，帮助学生理解统计的基本概念和模型。课程的重点放在如何应用定量分析模型研究社会实际问题上，即社会研究者主要为定量统计方法的"消费者"而非"生产者"。作为"消费者"，学完这些课程后，我们一方面能够读懂、欣赏和评价别人在同行评议的刊物上发表的定量研究的文章；另一方面，也能在自己的研究中运用这些成熟的方法论技术。

　　上述两门课的内容，尽管在线性回归模型的内容上有少量重复,但各有侧重。"社会科学里的统计学"从介绍最基本的社会研究方法论和统计学原理开始,到多元线性回归模型结束,内容涵盖了描述性统计的基本方法、统计推论的原理、假设检验、列联表分析、方差和协方差分析、简单线性回归模型、多元线性回归模型,以及线性回归模型的假设和模型诊断。"社会科学中的定量分析"则介绍在经典线性回归模型的假设不成立的情况下的一些模型和方法,将重点放在因变量为定类数据的分析模型上,包括两分类的 logistic 回归模型、多分类 logistic 回归模型、定序 logistic 回归模型、条件logistic 回归模型、多维列联表的对数线性和对数乘积模型、有关删节数据的模型、纵贯数据的分析模型,包括追踪研究和事件史的分析方法。这些模型在社会科学研究中有着更加广泛的应用。

修读过这些课程的香港科技大学的研究生,一直鼓励和支持我将两门课的讲稿结集出版,并帮助我将原来的英文课程讲稿译成了中文。但是,由于种种原因,这两本书拖了多年还没有完成。世界著名的出版社 SAGE 的"定量社会科学研究"丛书闻名遐迩,每本书都写得通俗易懂,与我的教学理念是相通的。当格致出版社向我提出从这套丛书中精选一批翻译,以飨中文读者时,我非常支持这个想法,因为这从某种程度上弥补了我的教科书未能出版的遗憾。

翻译是一件吃力不讨好的事。不但要有对中英文两种语言的精准把握能力,还要有对实质内容有较深的理解能力,而这套丛书涵盖的又恰恰是社会科学中技术性非常强的内容,只有语言能力是远远不能胜任的。在短短的一年时间里,我们组织了来自中国内地及香港、台湾地区的二十几位研究生参与了这项工程,他们当时大部分是香港科技大学的硕士和博士研究生,受过严格的社会科学统计方法的训练,也有来自美国等地对定量研究感兴趣的博士研究生。他们是香港科技大学社会科学部博士研究生蒋勤、李骏、盛智明、叶华、张卓妮、郑冰岛,硕士研究生贺光烨、李兰、林毓玲、肖东亮、辛济云、於嘉、余珊珊,应用社会经济研究中心研究员李俊秀;香港大学教育学院博士研究生洪岩璧;北京大学社会学系博士研究生李丁、赵亮员;中国人民大学人口学系讲师巫锡炜;中国台湾"中央"研究院社会学所助理研究员林宗弘;南京师范大学心理学系副教授陈陈;美国北卡罗来纳大学教堂山分校社会学系博士候选人姜念涛;美国加州大学洛杉矶分校社会学系博士研究生宋曦;哈佛大学社会学系博士研究生郭茂灿和周韵。

　　参与这项工作的许多译者目前都已经毕业,大多成为中国内地以及香港、台湾等地区高校和研究机构定量社会科学方法教学和研究的骨干。不少译者反映,翻译工作本身也是他们学习相关定量方法的有效途径。鉴于此,当格致出版社和 SAGE 出版社决定在"格致方法·定量研究系列"丛书中推出另外一批新品种时,香港科技大学社会科学部的研究生仍然是主要力量。特别值得一提的是,香港科技大学应用社会经济研究中心与上海大学社会学院自 2012 年夏季开始,在上海(夏季)和广州南沙(冬季)联合举办"应用社会科学研究方法研修班",至今已经成功举办三届。研修课程设计体现"化整为零、循序渐进、中文教学、学以致用"的方针,吸引了一大批有志于从事定量社会科学研究的博士生和青年学者。他们中的不少人也参与了翻译和校对的工作。他们在繁忙的学习和研究之余,历经近两年的时间,完成了三十多本新书的翻译任务,使得"格致方法·定量研究系列"丛书更加丰富和完善。他们是:东南大学社会学系副教授洪岩璧,香港科技大学社会科学部博士研究生贺光烨、李忠路、王佳、王彦蓉、许多多,硕士研究生范新光、缪佳、武玲蔚、臧晓露、曾东林,原硕士研究生李兰,密歇根大学社会学系博士研究生王骁,纽约大学社会学系博士研究生温芳琪,牛津大学社会学系研究生周穆之,上海大学社会学院博士研究生陈伟等。

陈伟、范新光、贺光烨、洪岩璧、李忠路、缪佳、王佳、武玲蔚、许多多、曾东林、周穆之,以及香港科技大学社会科学部硕士研究生陈佳莹,上海大学社会学院硕士研究生梁海祥还协助主编做了大量的审校工作。格致出版社编辑高璇不遗余力地推动本丛书的继续出版,并且在这个过程中表现出极大的耐心和高度的专业精神。对他们付出的劳动,我在此致以诚挚的谢意。当然,每本书因本身内容和译者的行文风格有所差异,校对未免挂一漏万,术语的标准译法方面还有很大的改进空间。我们欢迎广大读者提出建设性的批评和建议,以便再版时修订。

我们希望本丛书的持续出版,能为进一步提升国内社会科学定量教学和研究水平作出一点贡献。

吴晓刚

于香港九龙清水湾

目 录

序

社会和公共舆论调查通常询问的问题的答案多为类别。这些答案的类别可以完全是离散的或者定序的。让我们考虑一个由古德曼、克洛格和其他学者分析过的经典数据表——曼哈顿中城(Midtown Manhattan)精神健康和父母社会经济地位(SES)数据。

父母的社会经济地位	精神健康状况			
	良好	一般症状	中度症状	重度症状
A(高)	64	94	58	46
	(48.5)	(95.0)	(57.1)	(61.4)
B	57	94	54	40
	(45.3)	(88.8)	(53.4)	(57.4)
C	57	105	65	60
	(53.1)	(104.1)	(62.6)	(67.3)
D	72	141	77	94
	(71.0)	(139.3)	(83.7)	(90.0)
E	36	97	54	78
	(49.0)	(96.1)	(57.8)	(62.1)
F(低)	21	71	54	71
	(40.1)	(78.7)	(47.3)	(50.9)

　　尽管社会科学家的专业出身不同,但他们分析以上数据的一个通常做法是检验两个变量或者多向表(multiway tables)中多于两个变量的情况,在这里即精神健康状况和父母的社会经济地位是否相关。而在统计学用语中,我们会关注一个关于独立性的虚无假设能否被拒绝。一些基本的统计学课程通常会讲解皮尔逊卡方检验和似然比检验的应用。简单地观察频率表(上表括号里的数字为期望频率)将无法得出结论。如果我们使用 F_{ij} 指代表中第 i 行和第 j 列的观察频率 f_{ij} 的期望值,那么,F_{ij} 在独立模型(父母的 SES 和精神状态)中则可表示为:

$$F_{ij} = \frac{f_i + f_{+j}}{f_{++}}$$

这里,f_{i+} 表示第 i 行的列总和,f_{+j} 表示第 j 列的行总和,而 f_{++} 则表示整个表格的总和。为了检验独立性假设,我们计算皮尔逊 χ^2 系数和似然比系数 L^2:

$$\chi^2 = \sum_i \sum_j \frac{(f_{ij} - F_{ij})^2}{F_{ij}} \text{ 和 } L^2 = 2 \sum_i \sum_j \ln\left(\frac{f_{ij}}{F_{ij}}\right)$$

　　应用这些公式,我们获得了一个皮尔逊 χ^2 值 45.985 和似然比 L^2 值 47.418。在自由度为 15(行数减去 1 的差乘以列数减去 1 的差)的情况下,我们在所有常用的显著性水平上拒绝关于独立性的虚无假设,并且结论是精神健康状态和父母的 SES 不是彼此独立的,或者换一种说法,它们以某种方式相互关联。

　　然而,尽管我们知道它们以某种方式相互关联,但是我们并没有充分利用已有的信息来进一步探索它们相互关联的形式。作为对数线性模型中的一种,关联模型正是为这一目的而建立的。之前我们进行的检验相当于对数线性模型中的主效应估计。使用单一性关联模型（也被称为"线性相关关联模型"）：

$$\ln F_{ij} = \lambda + \lambda_i^A + \lambda_j^B + \beta U_i V_j$$

这里的前三项代表主效应对数线性模型，其附加项则表示两个变量各自的观测数值组之间的关联程度，这样，我们就获得了自由度为 14 的皮尔逊 χ^2 值 9.732 和似然比 L^2 值 9.895。因此，引入 β 参数，我们仅仅损失 1 个自由度便可以保留"存在线性相关卡方值"这个虚无假设。至此，读者一定对关联模型的检验能力有了深刻的印象。

作为不仅在自己的研究领域中应用关联模型，并且为关联模型的发展作出贡献的关键学者之一，黄善国撰写了这套丛书非常需要的著作。他将带领我们走进一段旅程，领略更多不同形式的关联模型，例如，行效应模型、列效应模型、行列效应模型、行列乘法效应模型和其他多种不同的形式，包括为涉及多种因素的多向表设计的模型。

在上述例子中，我们引入了一个统计值表示任意分配的两组数值的关联情况，但这个统计值并非固定不变，它可以由模型估计得来。为了我们的研究工作而学习这种模型和其他不同的、令人兴奋而且有用的关联模型，只要进入书中描述的关联模型的奇境即可。

廖福挺

第 *1* 章

简　介

许多社会科学的数据都会很自然地以交互表格的形式被组织起来。比如,在社会学方面,教育水平和职业的关系存在性别差异和/或种族差异、社会网络中的友谊模式、择偶中的跨国因素和/或时间变化;在地理学方面,存在城市邻居关系随时间变化的特点和省际或区域内移民流动情况的时间变化;在经济学方面,存在全球经济系统中进出口贸易的动态变化趋势;在政治科学方面,存在阶级地位、政党认同以及选举之间随时间变化的关系;最后,在心理学方面,存在关于刺激识别和刺激类化的实验数据。尽管我们所关心的是探索它们的系统性联系,但是有时应用适当的统计工具来诠释和理解其中关系的意义及其复杂性却存在困难,对于研究新手而言更是如此。

过去,学者尝试过各种各样的方法来计算表格形式下行与列的关联情况。例如,如果假设研究中涉及的变量在本质上是排序的,那么便可以使用一些测量关联程序的定序测量方法。然而,这些关于关联程度的测量方法不仅无法提供优比(odds ratio)(或者它们的对数)的自然变换功能,而且它们同样无法避免受到边缘分布的影响(Clogg & Shihadeh,1994:19)。因此,拥有相同优比的表格由于不同的边缘分布

将产生不同的关联测量值（Agresti，2002；Bishop，Fienberg
& Holland，1975；Fienberg，1980；Rudas，1997：第 2 章）。
更重要的是,这些测量关联程序的单一方法,尤其当行和列
的类别数量比较多的时候,经常无法提供交互表中关于关联
程度的全面描述。

　　除了使用以上这些描述型方法之外,另一个替代性的策
略是发展源于实证研究并可进行正式检验的关联程度测量
方法。对数线性模型的发展（Bishop et al.，1975；Fienberg，
1980；Haberman，1978）为我们提供了理解多个定类或定序
变量之间关系的重要途径。但是在多维交互表中,当每个变
量的类别数量增多而出现许多需要诠释的参数时（Goodman，
2007,在定类数据分析中使用对数线性模型的非技术但富有
洞见的介绍）,我们便需要解释那些非结构性交互项系数。
经过古德曼的努力及其后的克洛格和邓肯及其他合作者的
发展,我们现在拥有了一系列非常丰富及适合此类分析的统
计模型,尤其是关联模型。虽然关联模型被社会分层研究学
者广泛使用,尤其在社会流动和择偶的研究领域（Breen，
2004；Grusky & Hauser，1984；Hout，1988；Smits，Ultee &
Lammers，1998，2000；Wong，1990，1992，2003b；Xie，1992；
Yamaguchi，1987）,但是这种统计技术仍未能普及至其他社
会科学领域。我想部分原因是,那些最重要的统计和应用文
献分散在不同的杂志里,而且它们的讲解主要集中在简单的
二维交互表中。除了克洛格等人的努力外,至今还没有人系
统地将各种关联模型整合到一个一以贯之的框架中。

　　呈现在您面前的这本《关联模型》尝试填补这个重要的
空白。通过仔细讲解关联模型知识中检验优比的底层结构,

本书提供了一个全面而统一的框架来分析和理解任何以交互表形式呈现的社会或自然科学数据。拥有回归模型和广义线性回归模型一般知识的读者，在理解本书涉及的知识方面应该不存在困难。虽然本书并不要求读者具备对数线性模型的知识，但具备者会更容易领略及明白其中的奥秘（Agresti，2002；Fienberg，1980；Powers & Xie，2000）。本书可被视为其他专著的一个自然拓展，如戴维·诺克和彼得·J.伯克（Knoke & Burke，1980）的《对数线性模型》、迈克尔·豪特（Hout，1983）的《流动表分析》等。我们的读者可能发现，同时阅读以上著作将大有裨益。

本书的内容组织如下。

第2章回顾了特别适用于分析双向表的一系列关联模型。为了协助我们理解，这一章还重点讲述了在不同关联模型设置下的优比结构以及它们彼此之间的系统联系。然后，这一章列举了两个实例加以说明，数据来自不同年份的美国综合社会调查（GSS）（Davis，Smith & Marsden，2007）。在全面讨论了如何分析双向表之后（双向表是分析复杂表格的基础），本书的其他章节主要讲解多维或多向表的分析，特别是通常适用于多向表，被称为"多维关联模型"（Wong，2001）的统计模型，它在分析多维交互表中复杂的交互项模式时，将被证明是非常有用和灵活的。

第3章详细讨论了在高阶多维表中的条件独立性和偏关联模型。在这种情况下，我们没有必要为变量之间三向的或高阶的交互项建立模型。这一章首先探讨将各种双向交互系数分解成更简单但更容易解释的成分的方法，最后列举了有关模型分析的两个实际例子，以此深入了解基本的关联模式。

　　第4章讨论了双向和三向交互参数都不能被忽略的情况。除了介绍几种不同的统计上强大的层效应模型，它还介绍了多维关联模型中的相似类型，以理解复杂的关联模式。这一章将举两个实例进行具体分析，一个涉及分组变量（性别和时间），而另一个涉及时间差异。

　　第5章提供了另外两个例子，进一步演示了关联模型在社会科学应用中的有效性。第一个讨论所有社会科学研究者都将遇到的共同问题：表格（行和列）中某些类别是否可以合并的问题（Gilula，1986；Goodman，1981c）。乍看之下，这好像是一个琐碎或者微小的问题，但它却有助于我们深入了解一个经常被实证研究者忽略的议题：在不恰当的情况下组合行和列类别而导致的扭曲和偏差（更多细节请见 Wong，2003b）。第二个例子介绍关联模型的另一种可能的用处：作为一种最佳的量度工具，如何从多维表中基本的关联模式里实现类别的测量（Clogg & Shihadeh，1994；Smith & Garnier，1987）。这两个例子采用、延伸、扩展了涉及以前一些相同话题的文献。

　　第6章讨论了定类数据分析中一些最新的进展，以及它们与多维缩放的关联模型是如何相联系的。

　　最后，为了增强理解和鼓励进一步的应用，读者可以登录 Sage 的相关网站（www.sagepub.com/wongstudy）下载例子中讨论的所有统计模型的输入与输出文件。我们希望本书有关关联模型的系统讲解和所举实例对涉及多向交互表的研究分析有所帮助。

第 2 章

双向表中的关联模型

让我们从行变量为 A、列变量为 B 的双向交互表开始讲解，其中的类别分为 I 和 J。读者请注意，我们的分析并不要求先验地区分因变量和自变量，尽管大多数实证研究者常常在他们的分析框架中作出此区分。为了理解两个（或更多）变量是如何彼此联系的，究竟选择使用对数线性关联模型还是其他未饱和统计模型，关键是要认识到所有这些模型都是以谨慎的态度试图获悉嵌入表格中的优比。主要的差别存在于优比基本结构的具体方程中。通过它们的观察和期望频率进而比较观察和期望优比，我们就可以更好地理解其中的关系。

第 1 节 ｜ **作为基础的优比**

如果我们将 π 定义为成功概率，将 $(1-\pi)$ 定义为失败概率，那么，比率表示为 $\Omega=\pi/(1-\pi)$。例如，当 $\Omega=2$ 时，意味着成功概率是失败概率的两倍。相反，当 $\Omega=0.5$ 时，成功概率只有失败概率的一半。对于一个 2×2 表，可得到两个比率（Ω_1 和 Ω_2），一行一个。两行的比率 Ω_1 和比率 Ω_2 的比值可被定义为 $\theta=\Omega_1/\Omega_2=(\pi_{11}/\pi_{12})/(\pi_{21}/\pi_{22})=(\pi_{11}\times\pi_{22})/(\pi_{12}\times\pi_{21})$，这里的 π_{11}、π_{12}、π_{21} 和 π_{22} 代表单元格概率的联合分布，单元格概率的第一个和第二个下标分别表示具体的行和列单元格。θ 被称为"优比"或者"交差乘积比"（Yule，1912）。注意，θ 的公式是对称的，因为从第一列和第二列计算得来的优比 θ 的值保持不变（细节请见 Rudas，1997）。

对于任何 I 和 J 的双向交互表而言，一般会有 $(I-1)(J-1)$ 个不同的优比，尽管存在不同的方法计算一组完整的优比值。两个通常的做法如下：（1）将特别的行和列（如第一行和第一列或者最后一行和最后一列）作为参照；（2）采用列举中相邻近的行和列（Agresti，2002：45—46）。例如，如果我们使用行 i' 和列 j' 作为参照，那么，一整套观察优比的对数可以简洁地表示如下：

$$\log \theta^{*}_{ij,\,i'j'} = \log f_{ij} + \log f_{i'j'} - \log f_{ij'} - \log f_{i'j} \qquad [2.1]$$

这里,f_{ij} 代表单元格 (i,j) 的观察频率。另一方面,观察到的邻近优比(观察到的本地优比)的对数可表示如下:

$$\log \theta^{*}_{ij} = \log f_{ij} + \log f_{i+1,\,j+1} - \log f_{i+1,\,j} - \log f_{i,\,j+1}$$

$$[2.2]$$

这里,$i=1, 2, \cdots, I-1$,$j=1, 2, \cdots, J-1$。从公式 2.1 和公式 2.2 中可轻易地看到,$\log \theta^{*}_{ij,\,i'j'}$ 可被看作 $\log \theta^{*}_{ij}$ 的函数,反之亦然。换言之,尽管在这两个公式下的优比值有所差异,但是在二维表格中,只存在 $(I-1)(J-1)$ 个不同的优比。另外需要留意的是,如果特定的行和/或列乘以一个常数,公式 2.1 和公式 2.2 中一整套优比将不受影响。对于某些应用而言,这个边界不变性质是令人重视的,因为这种优比有助于我们理解行与列变量之间的基本关联情况。例如,在研究社会流动时,边界差异是必然会出现的,因为它们代表了职业或者阶级在不同时间点上的分布,所以我们的兴趣转向流动的层面。在其他的社会科学应用中,我们经常会增加某些个体或个案的样本量。然而,这情况对表格数据的分析将不会受到过度取样的影响,因为优比的数值在加权或者非加权形式中都保持不变。

在特定的模型设置中,观察频率可以被它们相对应的期望频率替代,并且,一组完整的期望优比对数可以表示为 $\log \theta_{ij,\,i'j'}$ 或者 $\log \theta_{ij}$。优比的值可以等于任何非负数值,范围落在 0 与 ∞ 之间。与之相应,优比的对数值域将在 $-\infty$ 和 ∞ 之间。当 $\theta_{ij}=1$ 或者 $\log \theta_{ij}=0$ 时,变量 A 和变量 B 是相互独立的。正如之前提到的,优比同样可以理解为两种可能性的比率。如果这个比率大于（或者小于）1，代表第一种结果（行 i）的列 j 比列 j' 的可能性大于（小于）代表第二种结果的列 j 比列 j' 的比率。当这个比率等于 1 时，这两种结果的可能性是相等的。$\log \hat{2}_{ij}$ 的标准误可按如下公式计算（Agresti, 2002:71）：

$$\hat{\sigma}(\log \hat{\theta}_{ij}) = \left(\frac{1}{n_{ij}} + \frac{1}{n_{i,\,j+1}} + \frac{1}{n_{i+1,\,j}} + \frac{1}{n_{i+1,\,j+1}} \right)^{\frac{1}{2}} \quad [2.3]$$

在传统二维表格的对数线性模型中，假定变量 A 和变量 B 相互独立的基准模型被称为"独立/虚无关联模型"（O）。这一模型假设行（A）和列（B）变量之间相互独立或者没有关系。如果我们让 f_{ij} 和 F_{ij} 分别表示在变量 A 和变量 B 的交互表中观察到的和期望的单元格频率，这个独立/虚无关联模型就可以表示如下：

$$\log F_{ij} = \lambda + \lambda_i^A + \lambda_j^B \quad [2.4]$$

这里的 λ 是总均值，λ_i^A 表示行边界参数，而 λ_j^B 则表示列边界参数，它们都服从于正态分布 $\sum_i \lambda_i^A = \sum_j \lambda_j^B = 0$。

λ_i^A 和 λ_j^B 是总均值的边界导数，这一正态化过程被称为"效果编码"。另一个替代性的正态化则使用虚拟编码，这时 $\lambda_1^A = \lambda_1^B = 0$。在后面的公式中，第一行和第一列的边界参数充当参照组，而其他 λ_i^A 和 λ_j^B 参数值则代表参照组的导数。无论采用其中哪一种正态化方法，尽管它们个别的参数估计值并不相同，其拟合优度值、自由度和期望频率都是相同的。这个模型拥有 $IJ-1-(I-1)-(J-1)=(I-1)(J-1)$ 个自由度。在独立模型中，很容易证明所有优比（或局部优比）的对数都等于 0，即

$$\log \theta_{ij} = 0 \qquad [2.5]$$

如果独立模型是符合实际的,那么,对数似然卡方值(L^2 或 G^2)将服从 χ^2 分布(Agresti, 2002:78)。这样,我们就可以利用这一统计值检验变量 A 和变量 B 之间是否存在显著的关联性。当独立模型无法拟合数据时,我们便可推断行和列之间存在显著的交互作用或者关联性,而且完全交互作用(FI)模型可写成:

$$\log \mathrm{F}_{ij} = \lambda + \lambda_i^A + \lambda_j^B + \lambda_{ij}^{AB} \qquad [2.6]$$

不幸的是,公式 2.6 的 FI 模型使用了所有剩下的 $(I-1)(J-1)$ 个自由度作为交互作用参数,而变成了一个自由度为 0 的饱和模型。尽管通过这一交互作用模型可能足以理解行与列变量之间的关系,但是用以解释的可用参数有数量上的问题,尤其在行或者列的类别数量增多时更为严重。

如果我们小心地检验交互作用参数,那么,我们常常会观察到,当数据拟合令人满意时,这些参数的数量会显著减少。简化模型的一个策略是,令这些参数等于相似数值和/或删除那些显著度不高的参数。然而,除了使用这种选择特定参数的老办法外,更值得采纳的是以一种系统的方式开发简约的非饱和模型,它足以捕捉二维交互表格中的交互作用。我们愿意寻找中间(非饱和)模型的另一个重要原因是,我们的兴趣通常不在于发现行和列变量之间是否存在关联性,而在于发现这一关联性的基本模式或者结构。当然,当这些推断的模式或者结构可在现实意义中被解释时,我们对分析将更有信心。这一问题在分析多元表格时将变得特别犀利,因为即便每一个表格随着它们的层级或者尺度的不同而彼此不同,关联性的基本模式或者结果仍能保持一致。

我们有许多可用以探索不同类型的关联性模式或结构的模型。例如,拓扑模型、对角模型和交叉模型(Goodman,1979b,1985;Hauser,1978;Hout,1983)。为了节省篇幅,本书将集中讨论模型家族中特别的一支——关联模型,它们提供了强大且灵活的方式来模型化基本的关联模式。事实上,在众多不同的、提供令人满意的拟合程度的统计模型中,相对于其他竞争者,关联模型通常可以简约又利落地诠释变量之间的关系。而且,这些关联模型可以轻易地扩展至高维多元交互表格的分析,这些表格在社会科学的应用中尤其有用。

第 2 节 | 一维关联模型

　　关联模型可以分成两种类型：功能形式和维度或复杂度。前者可以取对数线性、对数增量或者混合方程形式，而后者可取一维、二维或者多维形式。当然，结合对数线性和对数增量规范的混合方程在定义上至少是二维的。尽管关联模型通常被称为"定序模型"，但是它们可用以分析定类或者定序的交互表。换言之，本书讨论的关联模型可更广泛地应用于定类-定类、定类-定序和定序-定序变量。另一方面，如果我们假设一个单向关系，即（观察的或者估计的）行和/或列数值是单调递增或递减的，关联模型就可以转换成真正的定序模型。要做到这一点，我们可以加入顺序或者不等式约束，令所有观察的或者估计的行和/或列数值按照一个恰当的顺序排列（Agresti & Chuang，1986；Agresti，Chuang & Kezouh，1987；Bartolucci & Forcina，2002；Galindo-Garre & Vermunt，2004；Ritov & Gilula，1991）。在之后的例子中，我们将解释这些加入约束的情况。

　　为了理解关联模型不同形式之间的主要差异，重要的是通过检查类别间是否存在指定/非指定的顺序以及类别间是否存在指定/非指定的间距来识别它们彼此间的差异（Goodman，1985：表2.2）。例如，如果行和列变量的类别都具有指定的顺序和指定的间距,令行效应模型为(R),而列效应模型为(C),尽管对数线性行与列效应模型(R+C)也是适合的,但描述基本关联情况的最简约模型将会是一致性关联模型(U)。

　　如果类别间存在非指定的顺序和非指定的间距,那么,对数乘积行与列模型效应(RC)是唯一适合的模型。正如表2.1指出的,这两个条件的不同结合会产生不同的模型设定。如果几个模型都提供了令人满意的结果,我们就必须在选择诠释关联性的最终模型时,权衡模型准确度和科学简约性的相对重要性。我们稍后将在模型选择部分讨论一些常用的策略。此外,通过以上表格中呈现的关系,我们可以理解为什么这些模型同属于关联模型以及它们之间的系统关系。

表 2.1　关联模型中关于类别间顺序和间距的假设

模型	非指定排序	指定排序	
		非指定间距	指定间距
0	行和列	—	—
U	—	—	行和列
R	行	行	列
C	列	列	行
R+C	—	—	行和列
RC	行和/或列	行和/或列	—

资料来源:Goodman,1985:表4A。

单一性关联模型

　　当行与列变量的类别的顺序和间距已经确定或者被认定时,我们有可能只使用一个自由度的关联模型来描述其中

涉及的关联情况。这种模型被称为"单一性关联模型"(U)
(Duncan, 1979；Goodman, 1979a)。假设 U_i 和 V_j 是行(A)和
列(B)变量固定的整数值,即 $U_i = 1, \cdots, I$ 且 $V_j = 1, \cdots, J$。
这个单一性关联模型(U)可以正式地表达如下:

$$\log F_{ij} = \lambda + \lambda_i^A + \lambda_j^B + \beta U_i V_j \qquad [2.7]$$

这里,β 是单一性关联参数。需要留意的是,这里为了说明这
个模型与其他稍后讨论的关联模型的关系,它被有意写成这
种形式。当使用先验数值时,公式 2.7 便被称为"广义单一性
关联(U°)模型"(Goodman, 1986, 1991；Hout, 1983),等同
于哈伯曼(Haberman, 1978)的线性相关关联模型。这个模
型拥有 $(I-1)(J-1)-1=IJ-I-J$ 个自由度。为了简化起
见,让我们假设使用了固定的整数值,那么,相邻的优比可以
简化如下:

$$\log \theta_{ij} = \beta(U_{i+1} - U_i)(V_{j+1} - V_j) = \beta \qquad [2.8]$$

因为 $U_{i+1} - U_i = V_{j+1} - V_j = 1$。在 U 模型中,连续的行是等
距离的,连续的列也是等距离的。要注意的是,如果 U_i 和
V_j 不是固定的整数值,那么,公式 2.8 中的关系就不可以被
简化。在任意一种情况下,如果 U 或者 U° 模型同样好地拟
合了数据,那么我们就可以通过一个单一参数而获得一整套
的相邻优比。在本书中讨论的所有关联模型里,U 模型是最
简约也是最受限的一个。

行效应模型

当只有列变量可由固定的整数值表示顺序和间距时,公

式 2.7 便成为行效应模型（R）。从代数上看，行效应模型可以表达如下：

$$\log F_{ij} = \lambda + \lambda_i^A + \lambda_j^B + \tau_i^A V_j \qquad [2.9]$$

要注意的是，这里只有 $(I-1)\tau_i^A$ 个参数可以被确定。为了确定所有的 τ_i^A 参数，我们可以强加一个约束，即 $\tau_1^A = 0$ 或者 $\sum \tau_i^A = 0$。因此，R 模型拥有 $(I-1)(J-1)-(I-1) = (I-1)(J-2)$ 个自由度。这个模型被称为"行效应模型"的原因是，所有涉及与行 i' 相对的行 i 的相邻优比是相同的，我们可以对行效应参数进行排序来表示关联程度的强弱差异。后者的说明有助于更好的理解，因为相邻优比可以表示如下：

$$\log \theta_{ij} = (\tau_{i+1}^A - \tau_i^A)(V_{j+1} - V_j) = \tau_{i+1}^A - \tau_i^A \qquad [2.10]$$

列效应模型

当只有行变量可由固定的整数值表示顺序和间距时，列效应（C）模型可以表述如下：

$$\log F_{ij} = \lambda + \lambda_i^A + \lambda_j^B + \tau_j^B U_i \qquad [2.11]$$

同样，这里可以被个别确定的只有 $(J-1)$ τ_j^B 个参数。为了确定所有 τ_j^B 个参数，我们可以强加一个约束，令 $\tau_1^B = 0$ 或者 $\sum \tau_j^B = 0$。这个列效应模型拥有 $(I-1)(J-1)-(J-1) = (I-2)(J-1)$ 个自由度。在列效应模型中，所有涉及与列 j' 相对的列 j 的相邻优比是相同的，因为相邻优比可以表示如下：

$$\log \theta_{ij} = (\tau_{j+1}^{B} - \tau_{j}^{B})\,(U_{i+1} - U_{i}) = \tau_{j+1}^{B} - \tau_{j}^{B} \qquad [2.12]$$

对数线性行与列效应模型

为了同时充分利用行与列变量指定的间距和顺序等信息,我们可以设定一个模型,通过列与行变量之间指定的间距同时计算行效应和列效应。因为行效应与列效应是对数相加的,所以这种设定的统计模型被称为"线性行与列效应模型"(R＋C)。当古德曼(Goodman,1979a)首次公式化这个模型时,它被称为"RC 关联 I 模型",与性质上是对数相乘的 RC 关联 II 模型截然不同。在古德曼后来的著作中去除了这种语义上的差别(Goodman,1985,1986,1991),而且它们现在一般区分为 R＋C 和 RC 模型。从那时起,这种区分在实证研究者中一直保留着。从代数意义上来看,对数线性行与列效应模型(R＋C)可表达如下:

$$\log F_{ij} = \lambda + \lambda_i^{A} + \lambda_j^{B} + \tau_i^{A} V_j + \tau_j^{B} U_i \qquad [2.13]$$

值得注意的是,不像之前讨论过的行效应模型和列效应模型,以上模型在公式 2.13 中只拥有 $(I-1)\tau_i^{A}$ 和 $(J-2)\tau_j^{B}$ 或者 $(I-2)\tau_i^{A}$ 和 $(J-1)\tau_j^{B}$ 个可以同时确定并且各不相同的参数。在前面的情况下,我们可以强加一个约束 $\tau_1^{A} = \tau_1^{B} = \tau_J^{B} = 0$。除了令 $\tau_1^{A} = 0$ 外,正态化 $\sum \tau_i^{A} = 0$ 也是可能的。在后面的情况下,正态化 $\tau_1^{A} = \tau_1^{B} = \tau_J^{B} = 0$ 同样可以获得此特殊状态下的每一个参数。同样,除了令 $\tau_1^{B} = 0$ 外,采用正态化 $\sum \tau_j^{B} = 0$ 也是可能的。总而言之,R＋C 模型使用比独立模型多出的一个额外 I＋J－3 参数,并且它拥有 $(I-2)(J-2)$ 个

自由度。最后,我们可以将 R＋C 模型改写如下:

$$\log F_{ij} = \lambda + \lambda_i^A + \lambda_j^B + \beta U_i V_j + \tau_i^A V_j + \tau_j^B U_i \quad [2.14]$$

为了在公式 2.14 中独特地确定每一个行与列效应参数,正态化 $\tau_1^A = \tau_I^A = \tau_1^B = \tau_J^B = 0$ 是必须的。在这种表达形式下,U、R、C 和 R＋C 这 4 个模型彼此相关就更显而易见了。

在公式 2.14 的基础上,R＋C 模型中相邻优比的对数可以表达如下:

$$\log \theta_{ij} = \beta(U_{i+1} - U_i)(V_{j+1} - V_j) + (\tau_{i+1}^A - \tau_i^A)(V_{j+1} - V_j)$$
$$+ (\tau_{j+1}^B - \tau_j^B)(U_{i+1} - U_i) \quad [2.15]$$
$$= \beta + (\tau_{i+1}^A - \tau_i^A) + (\tau_{j+1}^B - \tau_j^B)$$

例如,在同类婚姻和代际阶级流动的研究中,当行与列变量是一一对应的,为行与列类别数量相同的正方形表格时,我们可以强加更加简约的模型,使得同样类别中的行效应参数(τ_i^A)等于列效应参数(τ_j^B)。后者被称为"相等的对数线性行与列效应"(equal R＋C)模型,而且拥有 (I－1)(I－2) 个自由度,因为 I＝J。鉴于关联模型的底层结构事实上是对称的,相等的 R＋C 模型就成了准对称(QS)模型的一种特殊形式。同样,适用于行与列类别一一对应的正方形表格的一致性关联模型也符合 QS 的情况。

对数乘积行与列效应模型

不同于之前提到的关联模型,它们在行或者列类别的指定顺序和间距上作出明确假设,最后一种一维关联模型放松了这种假设。相反,这种模型试图从交互表中找出的关联

模式里实证地推导出行与列的数值。它假设行与列的数值
参数在对数双线性或者对数乘积形式中是彼此相关的
（Andersen，1980，1991；Goodman，1979a，1981b，1985；
Haberman，1981）。从代数意义上来看，RC 模型可以表示
如下：

$$\log F_{ij} = \lambda + \lambda_i^A + \lambda_j^B + \phi \mu_i V_j \qquad [2.16]$$

它服从于正态约束 $\sum_i \mu_i = \sum_j \nu_j = 0$ 和 $\sum_i \mu_i^2 = \sum_j \nu_j^2 = 1$
（Goodman，1979a）。这些约束分别称为"集中"和"缩放约
束"。与 R＋C 模型相似的是，RC 模型拥有 $(I-2)(J-2)$ 个
自由度。

　　以上的约束导致对行数值参数（μ_i）和列数值参数（ν_j）的
非权重或者单位标准化解决方法。其他正态化约束同样可
以被用来确定这一模型。例如，古德曼（Goodman，1981b）建
议就它们的边界权重方面对行与列的数值进行加权，使 RC
模型与经典的相关性计算方法相互关联。即 $\sum_i \mu_i P_i =$
$\sum_j \nu_j P_j = 0$ 和 $\sum_i \mu_i^2 P_i = \sum_j \nu_j^2 P_j = 1$，这里的 P_i 和 P_j 分别
是行与列的边界概率，而作为结果的行与列数值参数则表示
边界加权的解。我们还可以加上另一组约束：$\mu_1 = 1$、$\mu_I = I$、
$\nu_1 = 1$ 和 $\nu_J = J$，以确定 RC 模型。然而，对于单一表格分析而
言，对不同约束的采用不会以任何显著的方式影响对结果的
解释。然而，在分析多元交互表时，尤其是那些涉及组变量
的表格，对不同权重的选择会引发完全不同的结果。根据克
洛格及其同事的观点（Becker & Clogg，1989；Clogg & Rao，
1991；Clogg & Shihadeh，1994），更好的办法是采用有助于
比较的单位标准化权重。

　　RC 模型中行与列（μ_i 和 ν_j）数值可以被看作二变量常态

数值和/或作为最大化行与列变量之间的内在关联性。因为后者的解释，φ 被称为"内在关联参数"，并且当行与列数值参数是同一单位长度时代表关联强度。不同于其他统计方法，如皮尔逊相关系数（r），φ 值总是大于 0 而且趋于无限（如 $0 < \phi < \infty$）。[1] RC 模型最重要的性质可能是行和/或列中的任何交换都不会影响估计数值参数的值。当研究者并不确定类别之间确切的排序和距离时，这一富有吸引力的性质意味着他们可以获得经验上的类别之间的排序和距离。同样，当行与列变量之间存在一一对应的关系时，我们同样可以通过设定对于所有 $i = j$，都有 $\mu_i = \nu_j$ 这一条件来估计相等的对数乘积行与列效应模型。与相等的 R＋C 模型相类似的是，相等的 RC 模型拥有 $(I-1)(I-2)$ 个自由度，而且是 QS 模型中的一种特殊情况。

要注意的是，每个变量类别内在的顺序是由我们感兴趣的变量的联合分布模式中的顺序决定的。准确的排序依赖于相关的或恰当的变量的引入。因此，更合适的做法是将"内在"顺序表述为"外在的"或者"依据外在情况而变的"顺序（Goodman，1987：530），例如，当我们选择不同变量作为列变量时，行变量的顺序将出现变化，反之亦然。

公式 2.16 可以重新表达如下：

$$\log F_{ij} = \lambda + \lambda_i^A + \lambda_j^B + \mu_i^* \nu_j^* \qquad [2.17]$$

对于任意 γ 和 δ，都有 $\mu_i^* = \phi^\gamma \mu_i$ 和 $\nu_j^* = \phi^\delta \mu_j$，只要它们的和等于 1，即

$$\gamma + \delta = 1 \qquad [2.18]$$

在这个重新公式化过程中，对于 μ_i^* 或者 ν_j^* 而言，仅仅

需要一个尺度约束。当 γ 和 δ 都等于 0.5 时，μ_i^* 和 ν_j^* 分别被称为调整的"行"与"列"数值，并且它们通常报告在 CDAS 和 ℓ_{EM} 中。这一重新设定提供了以图像形式呈现 RC 类型模型的有效方式（详情见后面的例子）。

在 RC 模型下的期望相邻优比的结构可表示如下：

$$\log \theta_{ij} = \phi(\mu_{i+1} - \mu_i)(\nu_{j+1} - \nu_j) \qquad [2.19]$$

与之前的关联模型相比，期望优比的隐含结构更加复杂。因为 μ_i 和 ν_j 都是参数，公式 2.19 中的这一乘项并不能进一步简化。R＋C 模型中的 $[U_i，V_j]$ 与 RC 模型中的 $[\mu_i，\nu_j]$ 之间最大的差异是前者使用固定分配的（整数）数值，而后者采用由经验数据估计而来的数值参数。

因为 RC 模型在性质上是对数乘积式的，所以我们建议反复运用牛顿的一维算法来估计所有关联参数（ϕ、μ_i 和 ν_j）。通过每一次的计算循环，这一方法在估计其中一组参数（如 μ_i）的同时，保持其他组参数（如 ϕ 和 ν_j）为固定数值。当从现有的行和之前的循环中得到的估计值（似然比检验统计值或者参数估计值）的差异小于预先指定的小数值收敛标准时，这一方法便会产生最大似然估计。使用 R 软件新引入的 *gnm* 功能来估计广义非线性模型（Turner ＆ Firth，2007a，2007b），我们得以通过改进的或者稳定的牛顿-拉普森算法同时估计关联参数和它们的渐近标准误（Aït-Sidi-Allal，Baccini ＆ Mondot，2004；Gilula ＆ Haberman，1986；Haberman，1979，1995）。除非特别强调，否则本书中提到的所有关联参数的标准误都是直接从 R 软件中计算获得的。它们的参数估计值原先从另一个功能 ℓ_{EM} 估计得到，并且通过 R 完成检验。如果由于 *gnm* 模块当前具有的局限性而无法直接计算标准误,那么将转而报告自举标准误。

　　从上述的讨论中,我们可以看到,O、U、R、C、R+C 和 RC 模型(和在下面章节中提及的更加复杂的关联模型)之间存在系统关联性。根据古德曼(Goodman,1981a,1981b,1985,1991)的著作,RC 关联模型可以被当作离散化二元正态分布的近似法,然而,当除了第一行以及最后行间距和第一列以及最后列间距外,离散化二元正态分布拥有等长的行间距和等长的列间距时,我们可以使用 U 关联模型。当使用边际权重而不是非加权关联模型时,这种解释是相当正确的。

　　在没有必要处理二维或更高维的关联模型时,一般的模型化策略是比较以上模型在相对自由度下的拟合优度统计值。根据 LRT 的计算方法,两个(嵌套)模型的拟合优度统计值的差异会服从自由度等于这两个模型自由度的差的渐进 χ^2 分布。同样,通过卡方统计值的分割,实证研究者可以设计一种关联表格分析法(ANOAS)来解释每个要素的相对贡献(单一性关联、行效应、列效应和行与列效应)。关于分割方法的细节可见本书的解释例子。感兴趣的读者也可以通过古德曼(Goodman,1979a,1981a)、克洛格和希哈达(Clogg & Shihadeh,1994)的著作了解相似的分割方法。

第 3 节 │ 二维关联模型

　　如果以上所有的一维关联模型都无法很好地拟合数据，那么我们可以通过加入额外的交互项来增加模型的复杂性。在关联模型的框架内，我们一般有两种选择。由于关联结构可以通过对数线性或者对数乘积要素而获得，所以其中一个选择是同时加入两种要素，这将生成四种特定的二维关联模型（U＋RC、R＋RC、C＋RC 和 R＋C＋RC）。这些都是混合模型，虽然它们与那些在检验行与列变量关联性时，同时加入了垂直和非垂直效应的模型略有不同。另一个选择则只需在 RC 模型中简单地加入另一个维度，生成 RC(2) 模型。需要强调的是，这两种方法的选择要从实证和理论上考虑，并且依赖于它们相对的拟合优度、理解的容易程度和实质的解释程度来进行判断。

U＋RC 模型

　　第一种二维模型结合了两种要素：在同一个模型中加入单一性模型（U）和对数乘积行与列效应模型（RC）。生成的 U＋RC 模型可以表述如下：

$$\log F_{ij} = \lambda + \lambda_i^A + \lambda_j^B + \phi_1 U_i V_j + \phi_2 \mu_i \nu_j \qquad [2.20]$$

需要提醒读者的是,单一性关联模型参数现在表示为 ϕ_1 而不是 β_1,并且 RC 要素中的内在关联性 ϕ_2 显示出,这是一个二维关联模型。如往常一样,为了唯一地确定 μ_i 和 ν_j,需要同时加入集中和尺度约束。这一模型拥有 $IJ - 2I - 2J + 3$ 个自由度,并且相邻优比的对数可以由以上两个要素组成:

$$\log \theta_{ij} = \phi_1 + \phi_2 (\mu_{i+1} - \mu_i)(\nu_{j+1} - \nu_j) \qquad [2.21]$$

我们可以通过比较 U + RC 模型与那些 U 和/或 RC 模型的拟合优度来评估是否真的需要额外的关联维度。这一对比同样允许我们详细检查公式2.20中每一个要素的相对贡献程度,并评估主要的关联维度在性质上是对数线性的还是对数乘积的。

R + RC 模型

除了使用单一的单一性关联参数,我们可以用行效应参数和固定整数的列数值(V_j)替代它。这会生成一个稍微有些复杂的混合模型,并且 R + RC 模型可以表达如下:

$$\log F_{ij} = \lambda + \lambda_i^A + \lambda_j^B + \tau_i^A V_j + \phi_2 \mu_i \nu_j \qquad [2.22]$$

这里的 τ_i^A 代表行效应参数。不同于一维模型,我们需要两个约束才能确定所有的 τ_i^A 参数(如 $\tau_1^A = \tau_1^A = 0$)。另一方面,我们需要相同的集中和尺度约束来确定 μ_i 和 ν_j。因此,这一模型拥有 $(I-2)(J-2) - (I-2) = (I-2)(J-3)$ 个自由度。通过比较当前模型与相对简单的一维模型的拟合优度,就可以判定这一更加复杂的模型是否与数据一致。当两种要素明显有助于我们的理解时,我们应该选择这一复杂模型而不

是简单但错误的形式。最后,相邻优比的对数包含两大要素,即对数线性和对数乘积:

$$\log \theta_{ij} = (\tau_{i+1}^{A} - \tau_{i}^{A}) + \phi_2(\mu_{i+1} - \mu_i)(\nu_{j+1} - \nu_j) \qquad [2.23]$$

C＋RC 模型

除了假设公式 2.22 中存在行效应,我们还可以用列效应(τ_j^B)和固定整数的行数值(U_i)替代它们。生成的模型成为 C＋RC 模型,即

$$\log F_{ij} = \lambda + \lambda_i^A + \lambda_j^B + \tau_j^B U_i + \phi_2 \mu_i \nu_j \qquad [2.24]$$

另外,同样需要两大约束来确定所有 τ_j^B 参数(如 $\tau_1^B = \tau_J^B = 0$),并且模型拥有 $(I-2)(J-2)-(J-2) = (I-3)(J-2)$ 个自由度。同样,相邻优比的对数同时包含对数线性和对数乘积要素,即

$$\log \theta_{ij} = (\tau_{j+1}^{B} - \tau_{j}^{B}) + \phi_2(\mu_{i+1} - \mu_i)(\nu_{j+1} - \nu_j) \qquad [2.25]$$

每一个要素的相对贡献都可以通过 ANOAS 分割方法与其低阶要素进行比较。

R＋C＋RC 模型

另一种混合模型同时结合对数线性行与列效应(R＋C)和对数乘积行与列效应(RC)。生成的 R＋C＋RC 模型可以表达如下:

$$\log F_{ij} = \lambda + \lambda_i^A + \lambda_j^B + \phi_1 U_i V_j + \tau_i^A V_j + \tau_j^B U_i + \phi_2 \mu_i \nu_j$$

$$[2.26]$$

为了唯一地确定对数线性行与列效应参数,需要对 τ_i^A 或者 τ_j^B 参数额外增加一个约束。例如, $\tau_1^A = \tau_2^A = \tau_1^A = \tau_1^B = \tau_J^B = 0$ 或者 $\tau_1^A = \tau_I^A = \tau_1^B = \tau_2^B = \tau_J^B = 0$。因此,这一模型拥有 $(I-1)(J-1) - (I+J-5) - (I-2) - (J-2) - 1 = (I-3)(J-3)$ 个自由度。相邻优比的对数具有以下结构:

$$\log \theta_{ij} = \phi_1 + (\tau_{i+1}^A - \tau_i^A) + (\tau_{j+1}^B - \tau_j^B)$$
$$+ \phi_2 (\mu_{i+1} - \mu_i)(\nu_{j+1} - \nu_j) \qquad [2.27]$$

RC(2)模型

最后一个二维关联模型去除了对数线性项,代之以另一个对数乘积要素。它被称为"RC(2)模型",括号内的数值表示对数乘积要素维度的数量。模型表示如下:

$$\log F_{ij} = \lambda + \lambda_i^A + \lambda_j^B + \phi_1 \mu_{i1} \nu_{j1} + \phi_2 \mu_{i2} \nu_{j2} \qquad [2.28]$$

并且相邻优比的对数具有以下结构:

$$\log \theta_{ij} = \phi_1 (\mu_{i+1,1} - \mu_{i1})(\nu_{j+1,1} - \nu_{j1})$$
$$+ \phi_2 (\mu_{i+1,2} - \mu_{i2})(\nu_{j+1,2} - \nu_{j2}) \qquad [2.29]$$

与 R+C+RC 模型相似,它同样拥有 $(I-3)(J-3)$ 个自由度。除了为行和列数值参数(μ_{i1}、μ_{i2}、ν_{j1}、ν_{j2})加上集中和尺度约束外,即它们的总和等于 0 而且平方和等于 1,我们还需要额外的跨元交互约束来确定所有参数。它们的表述如下:

$$\sum_{i=1}^{I} \mu_{i1} \mu_{i2} = \sum_{j=1}^{J} \nu_{j1} \nu_{j2} = 0 \qquad [2.30]$$

换言之,矢量 μ_{i1} 和 μ_{i2} 构成了一个标准正交基,矢量 ν_{j1} 和 ν_{j2} 也是如此。如果行与列类别是一一对应的,那么,对其中一些类别(如果不是两个维度上所有的行与列数值)加上等同性的约束将会很有趣,例如,仅对于第一维度中的所有 $i=j$,有 $\mu_{i1}=\nu_{j1}$。 当然,当相等的行与列数值强加于两个维度时,基本的关联模式将会是对称的,而且隐含着 QS 模型。如果用两组先验的固定行数值$[U_{i1}, V_{j1}]$和列数值$[U_{i2}, V_{j2}]$替换$[\mu_{i1}, \nu_{j1}]$和$[\mu_{i2}, \nu_{j2}]$,这一模型可表示为 $U_1^o +$ U_2^o。 这与豪特发展的 SAT 模型有着强相似性,只是他的形式更加复杂。后者事实上就是三维和高维模型,并且包括对角单元格的额外效应。到目前为止,显而易见的是,$U_1^o + U_2^o$ 事实上是 RC(2)模型或者 RC(M)模型(在后面的章节会加以介绍)的一个特例。因为 RC(2)模型要求跨元交互约束,一些读者可能会倾向于使用混合模型,因为后者可以从标准的统计软件中轻易估算得到,而只有少数的统计软件具备分析跨元交互约束的功能。尽管如此,当我们不想强加任何类别间先验的顺序,而且我们对获得经验的分数估计值感兴趣时,RC(2)模型依然具有吸引力。并且,因为它将在涉及多元交互表的第 4 章中举例说明,所以在特别的情况下,我们没有必要对一些 RC(2)模型或相关的、具有复杂设定的模型强加跨元交互约束。

第 4 节 | 多维 RC(M)关联模型

尽管我们可以在三维或者高维关联模型中构建混合模型,但更有效的做法是将 RC(2)模型推广至第 M 个维度上(Clogg & Shihadeh,1994;Goodman,1985)。[2]一般而言,多维 RC(M)关联模型可以表述如下:

$$\log F_{ij} = \lambda + \lambda_i^A + \lambda_j^B + \sum_{m=1}^{M} \phi_m \mu_{im} \nu_{jm} \qquad [2.31]$$

这里,$0 \leqslant M \leqslant \min(I-1, J-1)$。对于任意 $M^* < M$,这一模型都是非饱和的,而且拥有 $(I-M-1)(J-M-1)$ 个自由度。当 $M^* = \min(I, J) - 1$ 时,它便是饱和的或者变成 FI 模型。而当 $M^* = 0$ 时,它等同于独立或者虚无关联模型。为了识别所有行与列数值参数,我们需要加上集中、尺度和跨元交互约束。例如,下列跨元交互约束是需要的:

$$\sum_{i=1}^{I} \mu_{im} \mu_{im'} = \sum_{j=1}^{J} \nu_{jm} \nu_{jm'} = 0 \qquad [2.32]$$

在这里,$m \neq m'$。或者,尺度和跨元交互约束可以更简洁地表述如下:

$$\sum_{i=1}^{I} \mu_{im} \mu_{im'} = \sum_{j=1}^{J} \nu_{jm} \nu_{jm'} = \delta_{mm'} \qquad [2.33]$$

这里的 $\delta_{mm'}$ 是 Kronecker δ(Becker,1990;Becker & Clogg,1989;Goodman,1985)。在这种设定下,完整的一套相邻优

比对数具备如下结构：

$$\log \theta_{ij} = \sum_{m=1}^{M} \phi_m (\mu_{i+1,m} - \mu_{im})(\nu_{j+1,m} - \nu_{jm}) \qquad [2.34]$$

在不损失一般性的情况下，我们可以重新排列内在关联参数，如 $\phi_1 \geqslant \phi_2 \geqslant \cdots \geqslant \phi_M \geqslant 0$。

这样，我们就可以将公式 2.31 重新表述如下：

$$\log F_{ij} = \lambda + \lambda_i^A + \lambda_j^B + \sum_{m=1}^{M} \mu_{im}^* \nu_{jm}^* \qquad [2.35]$$

这里有 $\mu_{im}^* = \phi_m^\gamma \mu_{im}$，$\nu_{jm}^* = \phi_m^\delta \nu_{jm}$ 和 $\gamma + \delta = 1$。在公式 2.35 中，至少存在三种可能的正态化方法用以确定 μ_{im}^* 和 ν_{jm}^*。它们分别是行为主正态化：

$$\mu_{im}^* = \phi_m \mu_{im}，\nu_{jm}^* = \nu_{jm} \qquad [2.36]$$

列为主正态化：

$$\mu_{im}^* = \mu_{im}，\nu_{jm}^* = \phi_m \nu_{jm} \qquad [2.37]$$

对称正态化：

$$\mu_{im}^* = \sqrt{\phi_m}\, \mu_{im}，\nu_{jm}^* = \sqrt{\phi_m}\, \nu_{jm} \qquad [2.38]$$

就大多数实用情况而言，通常会选择最后那种方法，因为它在正态化上并不偏好于行或列（Clogg & Shihadeh，1994）。而且，从对称正态化中估计而来的行和列数值在图像展示中十分有用，这样有助于我们理解从不同维度估计而来的行和/或者列数值是如何彼此相关的。[3]

第 5 节 ｜ **各种关联模型间的关系**

通过以上讲解,读者可能已经发现 U、R、C、R＋C、RC
及它们更高阶的模型彼此之间具有系统关系。例如,你们可
以在公式 2.9 行效应模型下重新表述行效应参数(τ_i^A):

$$\tau_i^\Lambda = \zeta^* \zeta_i^* \qquad [2.39]$$

通过对整体效应提出因子,加上如下约束:

$$\sum\nolimits_{i=1}^{I} \zeta_{i.}^* = 0 \ \text{和} \ \sum\nolimits_{i=1}^{I} \zeta_{i.}^{*\,2} = k \qquad [2.40]$$

这里的 k 是任意常数,如 1 或者 I。在这种重新设定中,依然
存在 (I－1) 个非多余的参数:(I－2) 个 $\zeta_{i.}^*$ 和 1 个 ζ^*。因
此,单一性关联模型可以被看作当对于所有的 i 而言,有
$\zeta_i^* = 1$ 时,R 的一种特殊情况。同样,列效应模型可以重新
看作包括两大要素:ζ^* 和 ζ_j^*,而且单一性关联模型同样是 C
模型的一种特殊情况。另一方面,R 和 C 模型彼此之间并不
存在系统关系。此外,通过比较公式 2.9、公式 2.11、公式
2.13 和公式 2.14,读者可以理解为什么 R 和 C 模型可以被看
作 R＋C 模型的特殊情况。

那么,R 和 RC 模型之间的关系是怎么样的呢? 假设

$\nu_j = V_j$，通过固定整数数值，RC 模型可以重新表达如下：

$$\log F_{ij} = \lambda + \lambda_i^A + \lambda_j^B + \phi\mu_i V_j = \lambda + \lambda_i^A + \lambda_j^B + V_j^* \tau_i^{A^*}$$

$$[2.41]$$

这里有 $V_j^* = V_j$ 和 $\tau_i^{A^*} = \phi\mu_i$。在这种表述中，当连贯的列之间等距时，R 模型便是 RC 模型的一种特殊情况。出于同样的原因，当连贯的行之间等距时，C 模型也是 RC 模型的一种特殊情况。最后，当连贯的行与列之间都是等距时，U 模型同样是 RC 模型的一种特殊情况。另一方面，R＋C 模型和 RC 模型之间并不存在直接关系。

关联模型家族间的系统关系同样可以扩展至高维度模型。例如，如果 RC(M) 模型的第一维度中的行与列数值可以表述为固定整数数值，即 $\mu_{i1} = U_{i1}$ 和 $\nu_{j1} = V_{j1}$，那么，这个模型便等同于 U＋RC(m^*) 模型，$m^* = 1, \cdots,$ M－1。出于同样的原因，只有当 $\nu_{j1} = V_{j1}$ 时，我们可以将 RC(M) 模型重新表述为 R＋RC(m^*) 模型；而只有当 $\mu_{i1} = U_{i1}$ 时，可表述为 C＋RC(m^*) 模型；当 $\mu_{i1} = U_{i1}$、$\nu_{j1} = V_{j1}$ 而它们的效应以相加形式出现时，可表述为 R＋C＋RC(m^*) 模型。

最后，如果 M 组先验数值被用于行与列类别，那么，RC(M) 模型可以表述为 $U^o(m)$，这里的 $m = 1, 2, \cdots,$ M 或者 $U^o(1) + \cdots + U^o(M)$（Hout，1984，1988）。为了举例说明，图 2.1 展示了各种一维和二维关联模型的图形关系（Goodman，1985）。

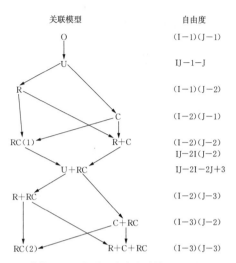

注:当 I = 2 或者 J = 2 时,关于自由度计算方法可能不适用。

资料来源:Goodman,1985:图 1。

图 2.1　适用于 I × J 表格的关联模型之间的关系示意图

第 6 节 | 模型估计、自由度 和模型选择

现在的一些统计软件都可以用来估计关联模型。它们包括 CDAS 3.50（Eliason，1990）、ℓ_{EM} 1.0（Vermunt，1997）、GLIM 4.09（Francis，Green & Payne，1993）和 R，特别是 *gnm* 功能（Firth & Menezes，2004；Ihaka & Gentleman，1996；Turner & Firth，2007a，2007b）。CDAS、ℓ_{EM} 和 R 都是免费软件，可以从网上下载并安装到大多数个人电脑上。[4]其中一些关联模型还可以通过用户手写的独立程序或者 SAS、STATA 中专门的模块进行估计。在我们所举的例子中，所有模型都是从 ℓ_{EM}、GLIM 或者 R 软件中估计得来的，并且它们的输入输出文件均可从 Sage 出版社网站上下载（http://www.sagepub.com/..../index.htm）。一般而言，基于运行速度和使用简易程度的考虑，ℓ_{EM} 是我们的首选软件。然而，由于 ℓ_{EM} 的目前版本并不能为多维 RC(M)关联模型 RC(M)提供跨元交互约束，所以这些模型必须通过 GLIM 中的使用者手写的迭代程序进行估计，这一程序可以提供格拉姆—施密特正交化约束（Gram-Schmidt orthonormalization restrictions）（Wong，2001）。我们同样可以从 STATA 中的 RC2 和 MCLEST ado 程序估计 RC 模型，并从哈伯曼（Haberman，1995）编写的独立 DASSOC 程序中估计 RC(M)m 模型。[5]遗憾的是，这些用户手写程序也存在局限：它们仅限于双向表，并不能扩展至多向表。幸运的是，大多数估计上的问题现在已经被解决了，因为有学者（Turner & Firth，2007a，2007b）在 R 软件中新近引入了广义非线性模型（gnm）模块。[6]后者很可能在未来成为公认的统计工具，因为它的灵活性可以提供各种类型的约束，并且可以同时获得渐进标准误。

在估计 RC 类型的关联模型时，一个主要的问题是，似然函数偶尔会出现多个局部最大值。这一问题很可能出现在拟合较差和约束复杂的模型中，尤其是那些涉及多向表的模型。在这种情况下，设定的模型可能无法恰当地收敛。这时，我们一般可以采用两种方法解决这一特殊问题。第一种策略是使用多个随机初始值来确保所有参数估计值收敛于相同的数值（例如，直到第四位数）。第二种策略是将默认收敛标准（如在 ℓ_{EM} 中为 0.000001）设定为更小的常数，如0.0000000001。因为似然性在降低，所以导致的问题是，这套运算法可能在仅完成部分重复计算后突然停止。这种情况经常发生在采用了不佳的初始值或者这个模型过于复杂以至于无法恰当地进行估计时。前者的问题有时可以使用随机初始值来解决，而后者的问题最好的解决方法是精简模型。

一般而言，一个模型自由度的计算是将所有单元格的数量减去特定模型中确定参数的数量。然而，在多维关联模型中，因为存在或者缺乏跨元交互约束，对于参数数量的计算常常出问题。正如我们在下一章中会看到的，某些约束过多的 RC(M)模型常常面对这个问题,当它们其实并不需要或者只需要部分可行的跨元交互约束时。我们在第 3 章和第 4 章中将提供关于这些情况的更全面的讨论。无论如何,如果我们知道使用的跨元交互约束的数量,那么,自由度便可通过如下公式计算:

$$df = 单元格数量 - (参数的数量 - 约束的数量)$$
$$= 单元格数量 - 参数的数量 + 约束的数量$$

此处需要强调,计算一个模型自由度的知识是十分关键的,因为对于某些模型而言,现在可用的统计软件,如 CDAS 和 ℓ_{EM},所报告的自由度是不正确的。另一方面,基于适当的条件,R 在大多数情况下可以提供正确的自由度。

通过一系列关联模型和/或其他竞争性模型的估计,我们必须发展出有关模型选择的一套系统方法,才能最好地描述基本的关联模式。理论上需要考虑两个因素:模型的准确度和科学的简约度。在所有方面都相等的情况下,我们应该采用奥卡姆剃刀原理(Kotz & Johnson,1985:578—579)。假设 E 表示观察证据,并且 p(H|E)表示给定观察证据 E 时一个特定假设 H 的概率,那么这一原理可表示如下:

$$p(H_1 \mid E) = p(H_2 \mid E) = \cdots = p(H_k \mid E) \qquad [2.42]$$

对于假设 H_1,$\cdots$,H_k,其中最简单的那个假设便是我们的首选。然而在实践中,尤其当样本量变得很大时,模型准确度和科学的简约度经常被理解为一种权衡。例如,研究者甚少有如下表述:"对于小样本,我们通常可以找到拟合程度令人满意的模型;而对于大样本,没有模型可以拟合。"(Goodman,1991:1085;Berkson,1938;Diaconis & Efron,1985)

或者："我们的结果(大样本)是消极的,不管我们尝试的模型是什么,我们总可以找到显著偏差以至于我们不得不拒绝这一模型。"(Goodman,1991:1085;Fisher,1925;Martin-Löf,1974)

实证研究者还是可以找到许多不同的方法来处理大样本中模型拟合度相对贫乏的问题。在这些方法之中,贝氏信息准则(BIC)统计方法也许是理论上最优和使用上最广泛的一种方法,辅助研究者选择竞争模型。BIC 统计值起源于贝氏后验检验理论(Raftery,1986,1996),并且可以通过下列公式计算得到:

$$BIC = L^2 - df^* \log N \qquad [2.43]$$

这里的 L^2 表示对数似然拟合优度检验统计值,df 表示一个模型的自由度,而 N 则表示样本量。BIC 统计值的一大优点是,它可以被用来比较嵌套或者非嵌套模型。[7]一般而言,当在各种竞争模型中进行选择时,我们会选择 BIC 统计值为最大负数的那个模型。同时,有学者(Raftery,1996;Wong,1995)提醒道,BIC 统计值中细小的差异(如 5 点以内)是大样本的边际点。

BIC 统计值的发展可能为我们提供了比其他统计值更可靠的方法,但也存在被实证研究者滥用的情况,尤其在只考虑有限数量的模型时。事实上,任何对 BIC 统计值不加区别的使用和相似的模型选择标准,都可能扭曲我们对复杂的基本关联模式的理解(Weakliem,1999)。简单地说,从一组不正确并且设定质量低的模型中选择错误最少的模型,根本无法提供一个可靠的策略。从不同的解释出发来公式化和比较不同的竞争性模型才是上策。

虽然当设定的模型不正确时,样本量和关联强度可以显著地影响拟合优度和似然比检验系数,但我们必须承认,它们对"真实"模型及其邻近的过度参数化模型的影响是微不足道的(Wong,2003b)。事实上,对于设定恰当的模型,对数线性模型(包括关联模型)的拟合优度统计值独立于样本量(Wong,2003b)。换言之,对于设定恰当的模型而言,名义检验统计值及嵌套卡方检验在模型选择中为我们提供了可靠的工具。

以上的讨论阐释了在模型选择中两种不同的思想流派:贝氏方法和经典的统计方法。与其将两种方法看作彼此对立的或者需要在两者之间作出取舍,更具意义的是将两者看作相互补充的。正如本书的各种例子展示的那样,只要我们小心谨慎地处理基本关联模式的各种竞争性形式,那么两种方法是可以得出一致结论的。

第 7 节 ┃ 渐进、刀切法和自举标准误

　　尽管在估计 RC 类型关联模型时,我们首选牛顿的一维方法,因为它运算速度快且使用简单,但是它会产生一个不好的结果:这一程序并不为每一个对数乘积要素计算出渐进标准误。在牛顿-拉普森算法的基础上,由哈伯曼等人(Haberman et al., 1986)提出的交互计分计算方法通过同时计算参数估计值及它们相应的渐进标准误,从而巧妙地解决了这个问题。由于这一推荐的方法计算十分复杂而且并不总是产生收敛的估计值,哈伯曼(Haberman, 1995)后来发展出一个改良算法,可以有效地解决上述问题。不幸的是,这一算法的同伴 FORTRAN 程序——DASSOC——局限于估计双向表的 RC(M)模型,因此,它并没有在实证研究者中得到广泛应用。

　　另一方面,亨利(Henry, 1981)以及克洛格、肖基和伊莱亚森(Clogg, Shockey & Eliason, 1990)建议使用刀切法来生成恰当的标准误。这些学者在研究中指出,对方差的刀切法估计与其他分析大样本的方法,如 Δ 法或者信息估计矩阵反函数相比,效果更好。刀切法可以轻易地应用在交互表的分析中。假设 ξ 表示总体参数,而 $\hat{\xi}$ 表示样本中相对应的最大似然估计。让我们进一步定义 $\hat{\xi}_h$ 为当第 h 个观察值被删除

时,从样本中获得的数值。总体参数ξ可以从基于所有 n 个观察值的最大似然估计中估计而来,或者估计 n 个重复样本的均值。后者可以表示如下:

$$\hat{\xi}^* = \sum_{h=1}^{n} \hat{\xi}_h / n \qquad [2.44]$$

从结构来看, $\hat{\xi}^*$ 总是等同于 $\hat{\xi}$。 $\hat{\xi}^*$ 或者 $\hat{\xi}$ 的抽样方差现在可以近似为方差的总和:

$$s^2(\hat{\xi}) = \sum_{h=1}^{n} (\hat{\xi}_h - \hat{\xi}^*)^2 \qquad [2.45]$$

对于列联表而言,刀切法估计是一个简单的加权平均数:

$$\hat{\xi}^* = \sum_{i=1}^{I} \sum_{j=1}^{J} f_{ij} \hat{\xi}_{ij} / n \qquad [2.46]$$

方差则为加权平方和:

$$s^2(\hat{\xi}) = \sum_{i=1}^{I} \sum_{j=1}^{J} f_{ij} (\hat{\xi}_{ij} - \hat{\xi}^*)^2 \qquad [2.47]$$

当然,以上数值的平方根便是刀切法标准误。[8]

刀切法重复的数量仅依赖于单元格的数量(如双向表中的 I×J 或者三向表中的 I×J×K),而不是观察值 n 的总数量。正如克洛格和希哈达(Clogg & Shihadeh, 1994:37)指出的那样,刀切法不仅在"计算难以分析的数值的抽样方差(或者方差-协方差矩阵)中是有用的,而且在分析观察值的影响效应上也是有效的"。遗憾的是,后者的性质并没有被实证研究者加以发展和研究。

尽管刀切法标准误容易获得,但是并没有学者尝试评价它在涉及渐进和自举标准误的各种类型的关联模型中的表现。基于本书中有限的例子和笔者个人的经验,各种关联模型的刀切法标准误一般是闭合的,但比从 GLIM 或者 R 直接获得的渐进标准误稍大。[9]

另一方面,自举法的表现可以很好地与刀切法比较,只要自举重复样本的数量足够大,例如,10 000 或者更多。一般而言,自举法是一个非参数、计算复杂的统计推断方法(Efron,1981; Efron & Tibshirani,1993; Mooney & Duval,1993)。通过可替换初始数据的随机抽样,自举法可以建构统计值近似的抽样分布。我们将一些模型中具有 50 000 个重复样本的自举标准误与渐进标准误进行比较,可以发现它们具有较高的可比性。与刀切法标准误的例子相似,自举标准误也比渐进标准误稍大,尤其对于内在关联(ϕ)参数,尽管估计的行与列数值参数(μ_i 和 ν_j)的差异更小了。另外,对于那些高度参数化的关联,如果具备线性趋势约束的模型,那么这三种标准误将是等同的。

一般而言,当可以从统计软件,如 R 中直接获得渐进估计时,我们建议同时报告渐进标准误。然而,当这些标准误不能直接获得时,如在涉及跨元交互约束的多维 RC(M)关联模型中,我们应该转而使用刀切法或者自举标准误。由于刀切法容易执行,并且需要相对少的计算时间,它更常被选用。在本书中,如果可能的话,所有报告的标准误都是基于渐进标准误而来的。然而,当它们并不可获得时,我们转而报告基于 50 000 个重复样本的自举标准误,但笔者强烈建议读者用刀切法的结果与本书展示的结果进行比较。

第 8 节 ▏空缺单元格和稀少
单元格的问题

在分析交互表中重复出现的一个问题是出现空缺单元格(zero cell)或稀少单元格(sparse cell),研究者经常担心存在这一情况会系统地扭曲基本关联模式。空表格有两种类型:结构性空缺和抽样性空缺。结构性空缺的表格期望值为0,即在这些单元格中不存在观察值。前面这种情况的例子包括在进口和出口交易表格中的对角性单元格或者一个不完整的表格。另外,当表格中的观察单元格是空缺的,但它的期望值并不等于0时,就存在抽样性空缺。抽样偏差可以解释观察空缺的出现。解决结构性空缺的方法很简单——封闭那些有问题的单元格并进行加权数据分析,再对每一个模型的自由度进行相应的调整。另一方面,对抽样性空缺的解决方法需要进行谨慎的观察,因为一些交互参数可能会变得不明确。一个常用的做法是为每一个表格添加一个细小的常数(如 0.50 或 0.10)(Bishop et al.,1975;Goodman,1972)。克洛格等人(Clogg et al.,1991)则提供了一个稍复杂的方法为所有单元格获取交互参数。这种方法的后果之一是样本量会膨胀,这在稀少数据的情形下会变得十分显著。奇怪的是,当这一正确的方法被频繁使用时,它又会出现问题(Clogg & Shihadeh，1994：17)。

　　另外,空缺单元格的出现看起来并不会对关联模型造成任何大的问题。观察情况可以从笔者全面的敏感性分析而得到保证(Wong,2001)。相对于非调整的表格,对所有表格添加任意较小的常数,并不会显著地影响参数估计值。对于这种参数估计上的稳定性的合理解释是,这些模型是高度参数化的,且生成的关联参数是基于特定行和/或列的一组单元格而不是单个单元格计算得来的。当然,当行和/或列的边界单元格接近空缺时,这一情况仍然可能出现问题。

第9节 | 例2.1:一维关联模型

　　第一个例子见表2.2(a),这是关于个体政治取向(POL-VIEWS)及他们对性别分工的态度(FEFAM)之间的一个简单交互分类。政治观点变量是一个自我识别的政治取向测量,具有七个反应类别:强自由主义、自由主义、弱自由主义、中间取向、弱保守主义、保守主义及强保守主义。而性别取向变量询问调查对象对如下陈述的同意程度:"男人最好外出工作,女人最好照顾家庭。"回答可分为四种类别:非常不同意、不同意、同意和非常同意。粗略的计算来自1998年和2000年的综合社会调查,总共有3 439个个案。我们的兴趣是弄清楚对性别分工的态度是如何与个体的政治取向相关的。例如,我们能否说,一个人在政治上越保守(或自由),他/她就越同意(或不同意)这一(男女)"隔离领域"的意识形态?

　　表2.3给出了一系列关联模型,帮助我们理解两个变量之间的关系。当虚无关联或者独立模型(第一行)无法提供令人满意的结果时,表2.3报告的其他所有的模型有了明显的改善,正如拟合优度和BIC统计值所表明的那样。例如,只使用1个自由度,单一性关联模型(第二行)就捕捉到了POLVIEWS和FEFAM之间略大于90%的关联性,并且L^2/df

比率也只是稍大于 1。[10] 由于对数线性行效应与列效应模型（分别为第三行和第四行）都提供了令人满意的结果，可以预料的是，比它们更加复杂的其他模型（R + C 模型和 RC 模型，如第五行和第六行）同样可以提供令人满意的结果。

　　这里所展示的所有模型是令人满意的，但在它们之中进行选择则是困难的。假如通过奥卡姆剃刀原理，它们都可以

表 2.2　双向交互表的例子

(a) 政治取向与对性别分工的态度（$N = 3\,439$）

POLVIEWS	FEFAM			
	非常不同意	不同意	同意	非常同意
强自由主义	39	50	18	4
自由主义	140	178	85	23
弱自由主义	108	195	97	23
中间取向	238	598	363	111
弱保守主义	78	250	150	55
保守主义	50	200	208	74
强保守主义	8	29	46	21

注：POLVIEWS：自认为是自由主义或者保守主义。FEFAM：男人最好外出工作，女人最好照顾家庭。

(b) 女性的教育和职业获得（$N = 3\,858$）

EDUC	OCC				
	高级非体力	低级非体力	高级体力	低级体力	务农
大学及以上	518	95	6	35	5
大专	81	67	4	49	2
高中	452	1 003	67	630	5
高中以下	71	157	37	562	12

EDUC：教育获得
OCC：职业获得

资料来源：(a)和(b)的数据分别来自 1998 年至 2000 年和 1985 年至 1990 年的综合社会调查。

表 2.3　关于表 2.2(a)（POLVIEWS × FEFAM）的关联性分析

(a) 适用于表格 2.2(a)的关联模型

模型描述	df	L^2	BIC	Δ	p
1. O	18	211.70	65.12	8.09	0.000
2. U	17	20.12	−118.31	2.77	0.268
3. R	12	15.91	−81.81	2.47	0.196
4. C	15	14.24	−107.91	2.32	0.508
5. R＋C	10	7.68	−73.75	1.77	0.660
6. RC	10	8.07	−73.36	1.77	0.622

(b) 表格 2.2(a)中的关联要素

要　素	使用的模型	df	似然比卡方值
一般效应	(1)－(2)	18－17＝1	191.58
行与列效应	(2)－(6)	17－10＝7	12.05
其他效应	(6)	10	8.07
总效应	(1)	18	211.70

(c) 表格 2.2(a)中的关联行与列效应要素

要　素	使用的模型	df	似然比卡方值
列效应	(2)－(4)	17－15＝2	5.88
行效应	(4)－(6)	15－10＝5	6.17
行与列效应	(2)－(6)	17－10＝7	12.05

注：BIC 表示贝氏信息准则，在这里，BIC ＝ L^2－df×ln N；Δ表示相异指数。

提供关于变量关系的合理理解，那么，我们倾向于选择单一性关联模型和列效应模型。另一方面，BIC 统计值暗示着最简洁的模型优于稍微复杂的 C 模型。

　　表 2.3(b)和表 2.3(c)的信息提供了两种不同的方式分解从不同模型中得到的拟合优度值，这可以帮助我们更好地理解各种要素间的相对贡献率。例如，表 2.3(b)中的项目信息告诉我们，当单一性关联参数捕捉到了拟合优度统计值方

差中一个显著的比例时,我们不应该随便忽略从行与列效应
参数获得的 5.7% 的贡献 ($p < 0.10$)。 表 2.3(c) 的信息有助
于检验行效应、列效应和行与列效应的相对贡献。由于 R + C
和 RC 模型在拟合优度统计值上的差异是微不足道的,所以
从两者的计算中只能得到细微的差异。为了方便讲解,我们
使用 RC 模型作为比较的基准模型。当其他方面保持相同
时,分解策略表明,只使用 2 个自由度,列效应参数就可以估
计总体效应的 29%(5.88/20.12),而行效应参数则可估计另
外的 31%(6.17/20.12)。 然而,后者使用了五个额外的参
数。换言之,在表 2.3 所展示的所有关联模型中,C 模型是最
终选择的模型。

表 2.4 不仅提供了在表 2.3 中得到的不同关联模型的参
数估计值,而且提供了期望的相邻对数优比,帮助我们更好
地解释这些参数和这些参数所隐含的优比的基本结构。例
如,单一性关联的估计值是 0.202,并且所有期望的相邻对数
优比都具有相同的数值(见公式 2.8)。对于行效应模型而
言,估计的行效应参数将构建期望的相邻对数优比的结构。
这里报告了两组参数,第一组采用了 $\sum \tau_i^A = 0$ 的正态化方
法,而第二组则使用 $\tau_1^A = 0$ 的方法,但是它们生成了相同的预
测对数优比。例如,预测的相邻对数优比第一行的项目可以
比较第二行与第一行的情况,并且它们都具有相同的数值,
即 0.154,而且并不随着列情况的变化而不同。同样,当比较
第七行与第六行时,所有项目都等于 0.253(0.672 − 0.419)
(见公式 2.10)。出于同样的原因,读者可以使用从 C 模型中
得到的列效应参数来理解当与不同的相邻的列比较时,期望
的相邻对数优比都等于相同的值,并且它们不随着相邻的行

的变化而不同的情况。

对于 R+C 和 RC 模型而言，对期望的相邻对数优比的计算是复杂的，因为我们需要同时考虑行效应和列效应。[11]

表 2.4　表 2.2(a)(POLVIEWS × FEFAM)中期望的相邻对数优比与估计的关联参数的关系

关联模型		期望的相邻对数优比		
		2∶1	3∶2	4∶3
(a) U	2∶1	0.202	0.202	0.202
	3∶2	0.202	0.202	0.202
	4∶3	0.202	0.202	0.202
	5∶4	0.202	0.202	0.202
	6∶5	0.202	0.202	0.202
	7∶6	0.202	0.202	0.202
估计参数				
单一性关联		0.202		
		(0.015)		
(b) R	2∶1	0.154	0.154	0.154
	3∶2	0.157	0.157	0.157
	4∶3	0.257	0.257	0.257
	5∶4	0.104	0.104	0.104
	6∶5	0.307	0.307	0.307
	7∶6	0.253	0.253	0.253

估计参数

	1	2	3	4	5	6	7
行效应	−0.559	−0.405	−0.248	0.009	0.112	0.419	0.672
	(0.108)	(0.059)	(0.058)	(0.040)	(0.051)	(0.051)	(0.100)
替代性策略	0.000	0.154	0.310	0.568	0.671	0.978	1.231
	—	(0.136)	(0.136)	(0.127)	(0.133)	(0.133)	(0.168)

关联模型		2∶1	3∶2	4∶3
(c) C	2∶1	0.257	0.203	0.112
	3∶2	0.257	0.203	0.112
	4∶3	0.257	0.203	0.112
	5∶4	0.257	0.203	0.112
	6∶5	0.257	0.203	0.112
	7∶6	0.257	0.203	0.112

续表

关联模型	期望的相邻对数优比		
	2∶1	3∶2	4∶3

估计参数

	1	2	3	4
列效应	−0.322	−0.065	0.137	0.250
	(0.026)	(0.020)	(0.023)	(0.034)
替代性正态化	0.000	0.257	0.459	0.571
	—	(0.035)	(0.039)	(0.053)

(d) R+C		2∶1	0.194	0.119	0.016
		3∶2	0.206	0.131	0.028
		4∶3	0.317	0.242	0.139
		5∶4	0.179	0.104	0.001
		6∶5	0.407	0.333	0.230
		7∶6	0.374	0.299	0.196

估计参数

	1	2	3	4	5	6	7
行效应	0.000	−0.086	−0.159	−0.122	−0.222	−0.095	0.000
	—	(0.114)	(0.106)	(0.092)	(0.105)	(0.115)	—
列效应	0.000	0.279	0.484	0.586			
	—	(0.044)	(0.062)	(0.087)			

替代性正态化

	1	2	3	4	5	6	7
行效应	0.000	−0.086	−0.159	−0.122	−0.222	−0.095	0.000
	—	(0.114)	(0.106)	(0.092)	(0.105)	(0.115)	—
列效应		0.000	0.084	0.094	0.000		
		(0.032)	(0.039)	—			
单一性关联	0.195						
	(0.029)						

(e) RC		2∶1	0.153	0.119	0.056
		3∶2	0.204	0.159	0.075
		4∶3	0.314	0.245	0.116
		5∶4	0.135	0.105	0.050
		6∶5	0.442	0.345	0.163
		7∶6	0.378	0.295	0.140

估计参数

	1	2	3	4	5	6	7
行效应(μ_i)	−0.482	−0.376	−0.234	−0.016	0.078	0.384	0.646
	(0.068)	(0.050)	(0.048)	(0.037)	(0.049)	(0.060)	(0.061)
列效应(ν_j)	−0.748	−0.141	0.332	0.557			
	(0.027)	(0.047)	(0.052)	(0.048)			
内在关联(ϕ)	2.373						
	(0.238)						

注:括号内的数值为渐进标准误。详情请见正文。

例如，在 R＋C 模型中，当考虑第一行和第二行与第一列和第二列的单元格时，相邻对数优比便等于 0.194（－0.086＋0.279）。同样，对于第六行和第七行与第三列和第四列的单元格，相邻的对数优比便等于 0.196。在选择性正态化中，相邻对数优比的计算是完全相同的，尽管计算有些复杂（见公式 2.15）。另一方面，在 RC 模型下，相邻对数优比分别等于 0.153 和 0.140（见公式2.19）。最后，我鼓励读者应用这些公式来计算其他项目中期望的相邻对数优比。

我们对于政治取向和对性别分工的态度之间关系的理解在很大程度上保持一致的，不管我们最后使用 U、C、R＋C 还是 RC 模型。这是因为所有估计数值都是单调的，而它们之间唯一的差别在于这些数值是否等距。因此，"一个人在政治上越保守（或自由），他/她就越同意（或不同意）这一（男女）'隔离领域'的意识形态"的陈述多半是有效的。

第 10 节 | 例 2.2：二维关联模型

　　第二个样本（表 2.2）是关于美国女性的教育获得和职业获得关系的分析。这一表格是从 1985 年至 1990 年持续的综合社会调查中得到的，并且笔者（Wong，1995，2001）曾经使用过这一数据。教育获得是由教育资历（所获得的最高教育程度）而不是教育年限测量的，用以模拟教育文凭与劳动力市场结果之间的关系。它有四种情况：大学及以上、大学以下、高中和高中以下。职业获得则通过技能水平和工业部门分为五种类别：高级非体力、低级非体力、高级体力、低级体力和农业。这里的分析还包括了白人和黑人。这一表格总共拥有 3 858 个个案。早期的结果（Clogg & Shihadeh，1994；Wong，2001）指出，二维关联模型便足以帮助我们理解其中的复杂关系。

　　除了独立模型外，表 2.5 还报告了一系列一维关联模型（第二行至第六行）和二维关联模型（第七行至第十一行）来说明教育和职业之间的关联性。

　　当与简单的独立模型相比，拟合优度统计值得到显著改善时，没有一个一维关联模型（U、R、C、R＋C 和 RC）生成令人满意的结果。每一个模型的 p 值都在 0.001 的水平上显著，并且，从相异指数可以看到，相当比例的个案无法归类。

表 2.5　关于表 2.2(b)(EDUC×OCC)的关联性分析

(a) 适用于表格 2.2(b)的关联模型

模型描述	df	L^2	BIC	Δ	p
1. O	12	1 373.18	1 274.08	23.86	0.000
2. U	11	244.02	153.18	8.54	0.000
3. R	9	205.97	131.65	7.38	0.000
4. C	8	155.37	89.31	7.47	0.000
5. R＋C	6	91.61	42.06	4.63	0.000
6. RC	6	125.06	75.51	6.44	0.000
7. U＋RC	5	17.60	−23.69	1.52	0.004
8. R＋RC	4	6.94	−26.10	0.83	0.139
9. C＋RC	3	11.41	−13.37	1.01	0.010
10. R＋C＋RC	2	0.28	−16.24	0.01	0.870
11. RC(2)	2	0.60	−15.92	0.09	0.741

(b) 表 2.2(b)中的关联要素

要　　素	使用的模型	df	似然比卡方值
第一维度	(1)−(6)	12−6＝6	1 248.12
第二维度	(6)−(11)	6−2＝4	124.46
高维度	(11)	2	0.60
总效应	(1)	12	1 373.18

(c) 表 2.2(b)中的关联行与列效应要素

要　　素	使用的模型	df	似然比卡方值
U 中的一般效应	(1)−(2)	12−11＝1	1 129.16
RC 中的行与列效应	(2)−(6)	11−6＝5	118.96
R＋C＋RC 中的累加的行与列效应	(6)−(10)	6−2＝4	124.78
其他效应	(10)	2	0.28
总效应	(1)	12	1 373.18

注：BIC 表示贝氏信息准则，在这里，BIC ＝ L^2 − df× ln N；Δ表示相异指数。

相比之下,从一维关联模型转向二维关联模型从而增加模型的复杂性,我们发现,至少有两个模型可以为教育和职业之间的关联性提供适当的解释。例如,在 RC 模型中增加一个单一的单一性关联参数(第 7 行,U+RC)引发了第 6 行 RC 模型在拟合优度统计值上的显著改善(1 个自由度,ΔL^2 为 107.46),并且 BIC 统计值现在变成了负值,这优于其他相对简单的模型所报告的 BIC 统计值。虽然如此,如果我们使用传统的卡方检验作为模型选择的指南(5 个自由度,L^2 为 17.40),那么,这个稍复杂的模型仍然令人不满意。而添加行效应参数和列效应参数(分别为第 8 行和第 9 行)同样无法提供令人满意的结果,尽管后面这个模型的总体拟合程度是边缘有效的。另一方面,在 RC 模型中同时添加行与列效应(对数线性或者对数乘积)(如第 10 行和第 11 行)生成令人满意的结果。两个模型的 p 值是相当可接受的,并且样本中只有很小比例的个案无法归类。[12]

通过 O、RC 和 RC(2)模型之间的比较,表 2.5(b)呈现了可通过一维、二维和高维关联模型估计得来的 L^2 的比例情况。这一分解清楚地表明,当第一维度解释了接近 90% 的 L^2,而第二维度则贡献了另外的 9% 时,其他高维度的贡献可以忽略不计。表 2.5(c)提供了关于 R+C+RC 模型的另一种分解方法。它基本上带来相同的结论,即行与列效应额外的维度,不管是对数线性还是对数乘积,都有助于我们理解关于女性教育资历和职业获得之间复杂的关系。

与表 2.4 类似,表 2.6 不仅报告了从不同的二维关联模型中计算而来的参数估计值及它们的渐进标准误,还计算出了期望的相邻对数优比,所以我们可以了解每一个模型中优比的强加结构是什么样的。例如,给定从 U＋RC 模型中得到的参数估计值,我们可以计算得出第一行和第二行与第一列和第二列的期望的相邻对数优比等于 1.132,即 0.552＋3.435×(0.147－0.722)×(－0.451－0.158)。同样,第三行和第四行与第四列和第五列的期望的相邻对数优比等于1.790,即 0.552＋3.435×[－0.236－(－0.633)]×[0.855－(－0.053)]。关于参数的确切解释会更加复杂,因为模型是二维的。假如第一维度可以通过单一的单一性关联参数捕捉到,那么,它就认定教育资历和职业获得之间的关系在很大程度上是一致的、线性的和等距的。另一方面,第二维度计算这种线性关系之外的情况。例如,将行与列数值参数的信息结合在一起,第二维度表明,具有高中或者高中以下学历的女性很有可能会在低级非体力的工作职业上结束职业生涯。假如 U＋RC 模型不是首选模型,这意味着,尽管教育资历和职业获得的垂直式社会经济观点基本上是有效的(如教育资历越高,职业的等级就越高),但等距离的假设在事实生活中显得有些绝对而无法成立。

出于同样的原因,我们可以轻易地从估计的参数中为其他二维关联模型计算出期望的相邻对数优比。为了简化起见,余下的讨论仅仅集中在 RC(2)模型上。[13] 通过公式 2.29或者公式 2.34,我们可以直接计算出期望的相邻对数优比。例如,关于第一行和第二行与第一列和第二列的优比将等于1.481,即 2.601×[－0.089－(－0.744)]×[－0.020－(－0.765)]＋1.522×(－0.061－0.276)×[－0.549－(－0.137)],而关于第三行和第四行与第四列和第五列的优比将会是0.966,即 2.601×(0.632－0.200)×(－0.088－0.550)＋

$1.522 \times [0.562 - (-0.077)] \times [0.816 - (-0.010)]$。基于行与列
类别的等级排序，十分清晰的是第一维度或多或少是具有社
会经济特性的，即受到更好教育的女性更可能占据高级非体
力的工作职业。然而，由于农业类别的估计的列数值是负数
(-0.088)，这就意味着，当其他都保持一致时，美国女性（包
括黑人和白人）很可能从事农业职业，而不是高级或低级体
力职业。非体力职业与务农职业之间的隔离程度相对于体
力部门而言事实上是更弱的。同样，假如在第一维度中，行
与列类别之间的估计距离并不是等距的，那么，我们现在就
可以理解相对于更加复杂的模型，如 R＋C＋RC 或者 RC(2)
模型，为什么 U＋RC 模型无法提供令人满意的解释。

表 2.6　表 2.2(b) (EDUC × OCC) 中的期望优比和
估计的关联参数之间的关系

关联模型		期望的相邻对数优比			
		2：1	3：2	4：3	5：4
(a) U＋RC	2：1	1.132	0.043	0.274	−1.244
	3：2	1.337	−0.137	0.175	−1.881
	4：3	0.153	0.903	0.744	1.790
估计	1	2	3	4	5
行数值(μ_i)	0.722	0.147	−0.633	−0.236	
	(0.049)	(0.095)	(0.046)	(0.066)	
列数值(ν_j)	−0.158	−0.451	−0.194	−0.053	0.855
	(0.033)	(0.039)	(0.058)	(0.041)	(0.013)
	单一性关联		内在关联(N)		
	0.552		3.436		
	(0.034)		(0.619)		
(b) R＋RC	2：1	1.488	0.175	0.498	−1.465
	3：2	1.019	−0.249	0.063	−1.832
	4：3	0.156	0.916	0.729	1.864

续表

关联模型	期望的相邻对数优比				
		2：1	3：2	4：3	5：4
估计参数	1	2	3	4	5
行效应	0.000	−0.432	−1.267	0.000	
	—	(0.221)	(0.193)	—	
行数值(μ_i)	−0.760	−0.061	0.613	0.209	
	(0.042)	(0.097)	(0.049)	(0.068)	
列数值(ν_j)	−0.806	−0.057	0.180	0.543	0.140
	(0.017)	(0.045)	(0.063)	(0.046)	(0.112)
内在关联(N)	3.670				
	(0.547)				
(c) C＋RC	2：1	1.171	0.109	0.158	−1.247
	3：2	1.296	−0.013	0.125	−1.477
	4：3	−0.009	1.262	0.471	0.941
估计参数	1	2	3	4	5
列效应	0.000	1.263	1.282	1.416	0.000
	—	(0.170)	(0.209)	(0.091)	—
行效应(μ_i)	−0.333	−0.251	−0.281	0.865	
	(0.133)	(0.089)	(0.144)	(0.007)	
列效应(ν_j)	−0.117	−0.559	−0.127	−0.009	0.811
	(0.055)	(0.077)	(0.093)	(0.064)	(0.041)
内在关联(N)	2.509				
	(0.473)				
(d) R＋C＋RC	2：1	1.503	0.260	0.414	−1.280
	3：2	0.989	−0.126	−0.021	−1.603
	4：3	−0.003	1.270	0.470	0.982
估计参数	1	2	3	4	5
行效应	0.000	−0.290	−0.955	0.000	
	—	(0.184)	(0.217)	—	
列效应	0.000	0.000	0.397	0.327	0.000
	—	—	(0.167)	(0.161)	—
行数值(μ_i)	−0.766	−0.055	0.601	0.221	
	(0.037)	(0.090)	(0.047)	(0.068)	
列数值(ν_j)	−0.838	0.044	0.119	0.501	0.174
	(0.025)	(0.089)	(0.092)	(0.066)	(0.126)

续表

关联模型		期望的相邻对数优比			
		2：1	3：2	4：3	5：4
内在关联(ϕ)		2.857			
		(0.534)			
(e) RC(2)	2：1	1.481	0.362	0.331	−1.510
	3：2	1.008	−0.211	0.051	−1.378
	4：3	−0.002	1.259	0.480	0.966
估计参数	1	2	3	4	5
第一维度					
行数值(μ_{i1})	−0.744	−0.089	0.200	0.632	
	(0.041)	(0.042)	(0.101)	(0.074)	
列数值(ν_{j1})	−0.765	−0.020	0.323	0.550	−0.088
	(0.052)	(0.077)	(0.101)	(0.060)	(0.179)
内在关联(ϕ_1)	2.601				
	(0.151)				
第二维度					
行数值(μ_{i2})	0.276	−0.061	−0.777	0.562	
	(0.121)	(0.158)	(0.063)	(0.086)	
列数值(ν_{j2})	−0.137	−0.549	−0.120	−0.010	0.816
	(0.160)	(0.075)	(0.092)	(0.120)	(0.036)
内在关联(ϕ_2)	1.522				
	(0.325)				

注：括号内的数值为渐进标准误。详情请见正文。

为了全面理解 RC(2) 模型报告参数的意义，从两种维度估计而来的行与列数值通过对称正态化方法（公式 2.38）分别标示在图 2.2 和图 2.3 上。在两种情况下，我们可以看到除了农业类别外，第一维度行数值和列数值都具有清晰的等级排序。另一方面，第二维度行与列数值的等级排序并不明显。正如之前所指出的那样，我们可以将第二维度的行与列数值看作偏离第一维度的部分，即第一维度中描述的，或者超出或无法校正的垂直式图景的部分。在很大程度上，它们

代表着美国女性在劳动力市场上面对的第一维度所描述的
"能力至上"法则之外的特定机制和障碍。以上模式支持了
女权主义者关于美国社会中性别分工的观点。

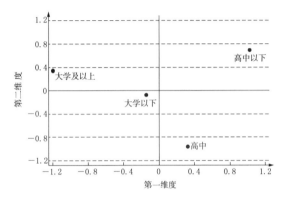

图 2.2　表 2.5 中从模型 11 估计而来的教育数值

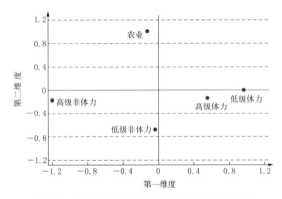

图 2.3　表 2.5 中从模型 11 估计而来的职业数值

第 3 章

分析三向表的偏关联模型

　　上一章中描述的关联模型的类型可以轻易地扩展至三向或者多向交互表的分析中（Agresti，1983；Agresti & Kezouh，1983；Becker，1989a；Becker & Clogg，1989；Pannekoek，1985）。唯一的复杂因素是决定哪一组参数（双向、三向和/或更高阶交互参数）应该被分解到关联参数中。在本章中，当没有必要加入三向或者更高阶参数时，我们将引入分解双向交互参数的简单模型。在第4章中，分解将同时包括双向和三向（或者更高阶）的交互参数。后者可以在多数社会科学应用中找到。在多数情况下，第三个变量层变量是一个分组变量，例如，同龄群体、调查年份、种族/民族、国家/地区。"分组变量"这一词语是在最一般的形式上定义的，并且可能涉及两个或更多的变量。例如，它可以是不同调查年份下种族不同的性别变量，或者不同调查年份下同龄群体不同的国家变量。最后，尽管目前的讨论主要集中在三个变量上，这里引入的模型可以推广至分析更高阶的交互表格。

第1节 ｜ **完整的独立模型**

　　假设我们有三个变量，A、B 和 C 作为行、列和层变量，并且每个变量分别拥有 I、J 和 K 个类别。在以等级式对数线性模型研究这些变量间的关系时，传统的策略通常是以完全独立模型作为起点，然后增加各种二维的交互项，当加入低阶项的模型都无法提供令人满意的结果时，就要加入三维交互参数。再一次说明，我们接下来的讨论和分析并不需要将它们的关系清晰地界定为因变量和自变量。

　　完整的独立(I)模型假定变量 A、B 和 C 之间并不存在任何关系。在 I 模型下，期望频率的对数可以表述如下：

$$\log \mathrm{F}_{ijk} = \lambda + \lambda_i^A + \lambda_j^B + \lambda_k^C \qquad [3.1]$$

这里的 λ 表示截距，λ_i^A、λ_j^B 和 λ_k^C 是边界参数，所有这些值都服从传统的正态分布，类似于第 2 章中介绍的参数（Agresti，2002）。这个模型拥有 $IJK - I - J - K + 2$ 个自由度。

　　有两种类型的优比可在三向表格中被检验和被模型化（Agresti，1983；Becker，1989a；Becker & Clogg，1989；Clogg，1982a；Wong，2001）。第一种优比是给定 C 的情况下，A 和 B 的条件局部优比 $\theta_{ij(k)}$，而第二种优比 θ_{ijk} 则是条件局部优比的比率或者 A、B 和 C 的局部优比。后者便是层

$k+1$ 对层 k(更一般来说即层 k 对层 k')的条件局部优比的比率。正式地说,在给定 C 的情况下,A 和 B 的条件局部优比可以定义如下:

$$\theta_{ij(k)} = \frac{F_{ijk}F_{i+1,\,j+1,\,k}}{F_{i+1,\,jk}F_{i,\,j+1,\,k}} \qquad [3.2]$$

并且 A、B 和 C 的局部优比可以定义为条件局部优比的比率,即

$$\theta_{ijk} = \frac{\theta_{ij(k+1)}}{\theta_{ij(k)}} \qquad [3.3]$$

一般来说,我们宁愿采用对数转换的形式。它更容易证实在 I 模型下,它们全都等于 1(或者对数形式下等于 0),即

$$\log \theta_{ij(k)} = 0$$
$$\log \theta_{i(j)k} = 0$$
$$\log \theta_{(i)jk} = 0$$

以及

$$\log \theta_{ijk} = \log \theta_{ij(k+1)} - \log \theta_{ij(k)} = \log \theta_{i(j+1)k} - \log \theta_{i(j)k}$$
$$= \log \theta_{(i+1)jk} - \log \theta_{(i)jk} = 0 \qquad [3.4]$$

第 2 节 │ 条件独立模型

在多数社会科学应用中,完整的独立模型不太可能很好地拟合数据。通常下一步是要加入二维交互项(在 A 和 B、A 和 C 和/或 B 和 C 之间)以捕捉偏离完全独立性的部分。例如,只有 AB 和 AC 二维交互项的模型可以表达如下:

$$\log F_{ijk} = \lambda + \lambda_i^A + \lambda_j^B + \lambda_k^C + \lambda_{ij}^{AB} + \lambda_{ik}^{AC} \qquad [3.5]$$

公式 3.5 被称为"条件独立(CI)模型",因为它假设控制变量 A、变量 B 和变量 C 之间不存在关系。换言之,变量 B 和变量 C 是在控制变量 A 之后便成了虚假关系。这个模型拥有 $I(J-1)(K-1)$ 个自由度。在以上公式中,显而易见的是条件和局部优比具有以下关系:

$$\log \theta_{(i)jk} = 0$$

和

$$\log \theta_{ijk} = 0 \qquad [3.6]$$

要留意的是,$\log \theta_{i(j)k}$ 和 $\log \theta_{ij(k)}$ 并不能在条件独立的情况下被简化。

第 3 节 | 关联性条件独立模型

如果条件独立模型可以很好地拟合数据,那么可以将两个交互参数分解为偏关联参数,从而获得更简明的解释(Wong,2001)。例如,AB 偏关联参数可以通过 RC(M_1)关联要素表示,然而 AC 偏关联参数则可通过 RL(M_2)关联要素表示。最终的有条件独立的关联模型(CIA)可以表示如下:

$$\log F_{ijk} = \lambda + \lambda_i^A + \lambda_j^B + \lambda_k^C + \sum_{r=1}^{M_1} \phi_r^{AB} \mu_{ir} \nu_{jr}$$
$$+ \sum_{s=1}^{M_2} \phi_s^{AC} \mu_{is}^* \omega_{ks} \qquad [3.7]$$

这里的 M_1 和 M_2 表示获得 AB 和 AC 偏关联参数所需要的维度,其中 $0 \leqslant M_1 \leqslant \min(I-1, J-1)$ 且 $0 \leqslant M_2 \leqslant \min(I-1, K-1)$。这个模型拥有 $IJK - I - J - K + 2 - M_1(I + J - M_1 - 2) - M_2(I + K - M_2 - 2)$ 个自由度。为了唯一地确定所有参数,需要加上集中、尺度和跨维交互等约束。当 $M_1 = M_2 = 1$ 时,公式 3.7 可以简化如下:

$$\log F_{ijk} = \lambda + \lambda_i^A + \lambda_j^B + \lambda_k^C + \phi^{AB} \mu_i \nu_j + \phi^{AC} \mu_i^* \omega_k \qquad [3.8]$$

这个模型拥有 $IJK - 3I - 2J - 2K + 8$ 个自由度。另外,也可以加入一致的行数值约束,即对于所有的 i,有 $\mu_i = \mu_i^*$,

从而获得一个更简化的模型。受限模型将再获得 $I-2$ 个自由度，从而拥有 $IJK-2I-2J-2K+6$ 个自由度。因为 CIA 模型仍然假设条件独立的存在，所以，公式 3.6 下的优比的结构应该依然成立。

第 4 节 ┃ **完全二维交互模型**

当条件独立模型不可接受时，必须加入所有的二维交互项，但不要加入三维交互参数。那么，FI 模型可表述如下：

$$\log F_{ijk} = \lambda + \lambda_i^A + \lambda_j^B + \lambda_k^C + \lambda_{ij}^{AB} + \lambda_{ik}^{AC} + \lambda_{jk}^{BC} \quad [3.9]$$

它拥有 $(I-1)(J-1)(K-1)$ 个自由度。如果变量 A 是一个分组变量，如同龄群体、调查年份或者国家，公式 3.9 有时被称为"固定"或"同质关联模型"，因为它假设关联模式在 A 的不同水平上都是相同的。例如，如果变量 A 代表种族(亚裔、黑人、西班牙裔、白人和其他)，而变量 B 和变量 C 分别代表个人的教育和职业情况，那么，FI 模型假设教育和职业的关联性在所有五个种族组别上是相同的。在公式 3.9 下，只有 $\log \theta_{ijk} = 0$，而所有其他条件的相邻对数优比无法得到进一步简化。

第 5 节 | 偏关联模型

　　采用克洛格等人的处理方法，我们可以将所有二维交互项分解为偏关联要素。用最简单的例子说明，RC(1) ＋ RL(1) ＋ CL(1) 偏关联模型具有以下形式：

$$\log F_{ijk} = \lambda + \lambda_i^A + \lambda_j^B + \lambda_k^C + \phi_1^{AB} \mu_{i1} \nu_{j1}$$
$$+ \phi_1^{AC} \mu_{i1}^* \eta_{k1} + \phi_1^{BC} \nu_{j1}^* \eta_{k1}^* \qquad [3.10]$$

这里限制 $\sum_{i=1}^{I} \mu_{i1} = \sum_{i=1}^{I} \mu_{i1}^* = \sum_{j=1}^{J} \nu_{j1} = \sum_{j=1}^{J} \nu_{j1}^* = \sum_{k=1}^{K} \eta_{k1} = \sum_{k=1}^{K} \eta_{k1}^* = 0$，且 $\sum_{i=1}^{I} \mu_{i1}^2 = \sum_{i=1}^{I} \mu_{i1}^{*2} = \sum_{j=1}^{J} \nu_{j1}^2 = \sum_{j=1}^{J} \nu_{j1}^{*2} = \sum_{k=1}^{K} \eta_{k1}^2 = \sum_{k=1}^{K} \eta_{k1}^{*2} = 1$，即在行、列和层数值上，同时需要集中和尺度约束来识别这一模型。而 μ_{i1} 和 μ_{i1}^* 分别是 AB 和 AC 偏关联上的估计行数值，ν_{j1} 和 ν_{j1}^* 分别是 AB 和 BC 偏关联上的估计列数值，η_{k1} 和 η_{k1}^* 分别是 AC 和 BC 偏关联上的估计层数值，并且 ϕ_1^{AB}、ϕ_1^{AC} 和 ϕ_1^{BC} 分别是 AB、AC 和 BC 偏关联上的内在关联参数。这个模型拥有 IJK － 3I － 3J － 3K ＋ 11 个自由度。以上模型称为"非受限 RC(1) ＋ RL(1) ＋ CL(1) 偏关联模型"(Wong, 2001)，因为它在分解每个二维交互项时只有一个维度，并且在不同的偏关联上并不存在对行、列和层数值的（单一性的）约束。

　　一个更受限的模型是在行、列及层数值上加入一致的数值约束,即 $\mu_{i1}=\mu_{i1}^*$、$\nu_{j1}=\nu_{j1}^*$ 和 $\eta_{k1}=\eta_{k1}^*$。 通过这些约束,公式 3.10 可以写成:

$$\log F_{ijk}=\lambda+\lambda_i^A+\lambda_j^B+\lambda_k^C+\phi_1^{AB}\mu_{i1}\nu_{j1}+\phi_1^{AC}\mu_{i1}\eta_{k1}+\phi_1^{BC}\nu_{j1}\eta_{k1}$$

$$[3.11]$$

当对行、列和层数值加上一致的数值约束时,公式 3.11 被称为"受限 RC(1)+RL(1)+CL(1) 模型"(Clogg,1982a,1982b)。这个模型拥有 IJK−2I−2J−2K+5 个自由度。公式 3.10 和公式 3.11 之间似然检验值的差异产生了一个自由度为 I+J+K−6 的 Π^2 统计值,这个统计值可以被用来检验一致的数值约束是否真的与数据相一致。当然,对三个变量中的一些但不是全部加上一致的数值约束同样是可以接受的,例如,$\mu_{i1}=\mu_{i1}^*$ 和 $\nu_{j1}=\nu_{j1}^*$,但 $\eta_{k1}\neq\eta_{k1}^*$。

当非受限和受限 RC(1)+RL(1)+CL(1) 模型都不能拟合数据时,我们可以在每个二维偏交互项上增加维度来强调其中关系的复杂性。最常见的形式可以称为" RC(M_1)+RL(M_2)+CL(M_3) 模型"(Wong,2001),这里的 M_1、M_2 和 M_3 分别代表 AB、AC 和 BC 偏关联维度;$0\leqslant M_1\leqslant \min(I-1, J-1)$,$0\leqslant M_2\leqslant \min(I-1, K-1)$ 且 $0\leqslant M_3\leqslant \min(J-1, K-1)$。 在不损失一般性的情况下,每组内在关联参数可以从大到小地排列。事实上,这个模型是之前章节讨论过的 RC(M)关联模型的一般化形式(Becker,1989a,1992;Goodman,1986,1991)。因此,RC(M_1^*)+RL(M_2^*)+CL(M_3^*) 模型是一个饱和模型,因为加入了每一个二维交互项,所以这里有 $M_1^*=\min(I-1, J-1)$、$M_2^*=\min(I-1, J-1)$ 和 $M_3^*=\min(J-1, K-1)$,并且它等同于公式 3.9 的 FI 模型。

一般而言，$RC(M_1) + RL(M_2) + CL(M_3)$ 模型可以表述如下：

$$\log F_{ijk} = \lambda + \lambda_i^A + \lambda_j^B + \lambda_k^C + \sum\nolimits_{m=1}^{M_1} \phi_m^{AB} \mu_{im} \nu_{jm}$$
$$+ \sum\nolimits_{m=1}^{M_2} \phi_m^{AC} \mu_{im}^* \eta_{km} + \sum\nolimits_{m=1}^{M_3} \phi_m^{BC} \nu_{jm}^* \eta_{km}^* \qquad [3.12]$$

为了唯一地确定这些参数，需要在每个二维交互项之内的行、列和层数值参数之上设置集中、尺度及跨维交互等约束。集中约束如下：

$$\sum\nolimits_{i=1}^{I} \mu_{im} = \sum\nolimits_{i=1}^{I} \mu_{im}^* = \sum\nolimits_{j=1}^{J} \nu_{jm} = \sum\nolimits_{j=1}^{J} \nu_{jm}^* = \sum\nolimits_{k=1}^{K} \eta_{km}$$
$$= \sum\nolimits_{k=1}^{K} \eta_{km}^* = 0$$

尺度和跨元交互约束可以简洁地表示如下：

$$\sum\nolimits_{i=1}^{I} \mu_{im} \mu_{im'} = \sum\nolimits_{i=1}^{I} \mu_{im}^* \mu_{im'}^* = \sum\nolimits_{j=1}^{J} \nu_{jm} \nu_{jm'} = \sum\nolimits_{j=1}^{J} \nu_{jm}^* \nu_{jm'}^*$$
$$= \sum\nolimits_{k=1}^{K} \eta_{km} \eta_{km'} = \sum\nolimits_{k=1}^{K} \eta_{km}^* \eta_{km'}^* = \delta_{mm'}$$

这里的 $\delta_{mm'}$ 是 Kronecker Δ 系数，如果 $m = m'$，那么 $\delta_{mm'} = 1$，否则 $\delta_{mm'} = 0$（提示，m 和 m' 依据可应用于特定偏关联上的维数 M_1、M_2 和 M_3 而变化）。这个模型拥有 $IJK - I - J - K + 2 - M_1(I + J - M_1 - 2) - M_2(I + K - M_2 - 2) - M_3(J + K - M_3 - 2)$ 个自由度。我们同样可以将对数线性和对数乘积要素都添加到公式 3.12 中，以建立前面章节讨论过的混合偏关联模型。这种方法对一些研究者而言是有吸引力的，因为它并不需要在特定的混合模型中加入跨维交互约束。

基于公式 3.12，在 $RC(M_1) + RL(M_2) + CL(M_3)$ 模型

中，给定 C 的情况下 A 和 B 的条件局部优比、给定 B 的情况下 A 和 C 的条件局部优比，以及 A、B 和 C 的局部优比如下所示：

$$\log \theta_{ij(k)} = \sum_{m=1}^{M_i} \phi_m^{AB} (\mu_{i+1, m} - \mu_{im})(\nu_{j+1, m} - \nu_{jm})$$

$$\log \theta_{i(j)k} = \sum_{m=1}^{M_i} \phi_m^{AC} (\mu_{i+1, m}^* - \mu_{im}^*)(\eta_{k+1, m} - \eta_{km})$$

$$\log \theta_{(i)jk} = \sum_{m=1}^{M_i} \phi_m^{BC} (\nu_{j+1, m}^* - \nu_{jm}^*)(\eta_{k+1, m}^* - \eta_{km}^*)$$

和

$$\log \theta_{ijk} = 0 \qquad\qquad [3.13]$$

因此，模型 $RC(M_1) + RL(M_2) + CL(M_3)$ 没有假设 A、B 和 C 之间的任何三维交互项，并且条件对数优比可以简单地写成行、列和/或层数值的乘积总和的函数以及它们各自在不同维度上的内在关联参数。如果 $M_1 = M_2 = M_3 = M$，那么非受限模型 $RC(M) + RL(M) + CL(M)$ 的自由度可以简化为 $IJK - I - J - K + 2 - M(2I + 2J + 2K - 3M - 6)$。

尽管相似的单一性数值约束可以轻易地应用到 $RC(M) + RL(M) + CL(M)$ 模型中，但是对于一个特定模型的确切自由度的计算却变得更加复杂，因为并不需要所有跨维交互约束来唯一地确定所有参数。正如笔者曾提出的（Wong, 2001），只要一组跨维交互约束，不管是在行、列或者层数值上，便足以唯一地确定行、列和层数值受到单一性数值约束的受限 $RC(M) + RL(M) + CL(M)$ 模型。例如，对于具有单一性数值的受限 $RC(2) + RL(2) + CL(2)$ 模型，只有一个（而不是三个）跨维交互约束需要加在 $\{\mu_{i1}, \mu_{i2}\}$、$\{\nu_{j1}, \nu_{j2}\}$ 或者

$\{\eta_{k1}, \eta_{k2}\}$ 上。

同样,对于受限的 RC(3)+RL(3)+CL(3) 模型,只有三个跨维交互约束(而不是九个)需要加在 $\{\mu_{i1}, \mu_{i2}, \mu_{i3}\}$、$\{\nu_{j1}, \nu_{j2}, \nu_{j3}\}$ 或者 $\{\eta_{k1}, \eta_{k2}, \eta_{k3}\}$ 上。即只需要添加 $\sum_{i=1}^{I} \mu_{i1}\mu_{i2} = \sum_{i=1}^{I} \mu_{i1}\mu_{i3} = \sum_{i=1}^{I} \mu_{i2}\mu_{i3} = 0$, $\sum_{j=1}^{J} \nu_{j1}\nu_{j2} = \sum_{j=1}^{J} \nu_{j1}\nu_{j3} = \sum_{j=1}^{J} \nu_{j2}\nu_{j3} = 0$ 或者 $\sum_{k=1}^{K} \eta_{k1}\eta_{k2} = \sum_{k=1}^{K} \eta_{k1}\eta_{k3} = \sum_{k=1}^{K} \eta_{k2}\eta_{k3} = 0$ 中的一个。一般而言,在行、列和层数值的所有维度上具有单一性数值约束的受限 RC(M)+RL(M)+CL(M) 模型拥有 $IJK - I - J - K + 2 - M(I + J + K - 3) + M(M-1)/2$ 个自由度。对于一些在部分维度而不是所有维度上具有单一性数值约束的受限 RC(M)+RL(M)+CL(M) 模型,甚至可能不需要任何跨维交互约束。例如,再以 RC(2)+RL(2)+CL(2) 模型为例,如果在行、列和层数值上的单一性数值约束只应用在第一维度上,那么便没有强加任何正交约束的必要。

第 6 节 │ 识别的约束条件和自由度

以上讨论提出了一个有趣但未曾处理过的问题,即如何计算一个特定模型的自由度。一般来说,跨维交互约束的数量可以通过计算雅可比矩阵的等级而确定(Goodman,1974;Siciliano & Mooijaart,1997)。在多数实践情况下,相对容易的做法是遵循由笔者(Wong,2001)建议的实证步骤来决定是否可以放松一些(如果不是所有)跨维交互约束。正如第 2章讲述的,一个模型的自由度等于单元格的总数减去唯一参数的数量,尽管后者根据附加的识别的约束条件数量而定。例如,当集中和尺度约束作用于第 M 维度关联模型中的行数值时,只有 $(I-2)M$ 个行数值参数可以被唯一地确定。另一方面,如果模型的设定需要附加的跨维交互约束,那么,唯一参数的数量便是 $(I-2)M-M(M-1)/2$。如果需要,同样的规则也适用于列和层数值参数。

在确定是否需要某些可识别的约束条件时,重要的是认识到这些约束的目的在于解决数据量不足以决定解的问题,以确保收敛的估计值是唯一的。这种情况与协方差结构分析中的识别不足的模型类似,即当未知的参数数量大于可获得的方差和协方差的数量时,满足同一组方程的解有无限多组。可识别约束条件的存在与否应该不会影响拟合优度统计值。由笔者(Wong，2001)概括的经验步骤细节如下，通过这一性质可以证实是否需要部分的跨维交互约束或者根本不需要，并且可以解释正确的自由度。对于受限多维条件关联模型而言，这一建议的方法是需要的，因为其中的许多模型需要比预期更少的约束或者根本不需要。

接下来的步骤决定跨维交互约束是否必须，但是对其他约束的处理过程如下。(1)首先，在迭代阶段中不需要跨维交互约束来估计模型，同时会记录下对数似然的拟合优度统计值(L_1^2)和参数估计值($\tilde{\beta}_1$)。(2)重新以不同的(随机的)初始值估计这个模型，并且记录下对数似然的拟合优度统计值(L_1^2)和参数估计值($\tilde{\beta}_1$)。如果拟合优度统计值和参数估计值保持一致，那么就不需要跨维交互约束，并且这些估计值是唯一的。然而，如果只有拟合统计值保持不变，而参数估计值发生变化，那么，这就意味着需要添加部分跨维交互约束。(3)收集一系列潜在跨维交互约束，并且在迭代阶段中只增加一个约束条件，然后比较收敛的拟合优度统计值 L_3^2 和 L_1^2。如果 $L_1^2 = L_3^2$，那么，我们就需要这一特定的跨维交互约束。否则，就要继续使用另一个约束条件，直到所有潜在的约束都被检验过。(4)基于步骤(3)的结果，同时加入两个"必需的"约束条件，然后比较检验统计值 L_4^2 和 L_1^2。如果这些结果是相同的，那么，两个约束条件都是需要的。不断加入另外的约束条件，直到这些约束条件都被用完。这一递增的过程是必须的，因为跨维交互约束有时可以单独地加在行、列或者层数值参数上，而不是同时放入。(5)最后，根据从步骤(4)获得的有效的跨维交互约束的数量调整自由度。

第 7 节 | 例 3.1：有条件独立的关联模型

表 3.1 展示了一张关于个人的政治取向（POLVIEWS）对性别分工的态度（FEFAM）与对国家福利支出的态度（NATFARE）之间的三向交互表。这里的 POLVIEWS、FEFAM 和 NATFARE 分别代表行、列和层变量。这张表是从 2006 年综合社会调查数据中整理而来的，并且拥有 926 个个案。POLVIEWS 是一个自我识别的政治取向测量，具有 7 个类别：强自由主义、自由主义、弱自由主义、中间取向、弱保守主义、保守主义及强保守主义。而 FEFAM 测量的是调查对象对如下陈述的同意程度："男人最好外出工作，女人最好打理家务和照顾家庭。"调查对象的回答可分为非常不同意、不同意、同意和非常同意。最后，NATFARE 在关于国家福利支出方面具有以下三种反应：过少、恰好和过多。这是之前一个例子的扩展。在第 2 章中，我们已经发现一个人在政治上越保守（或自由），他/她就越同意（或不同意）这一（男女）"隔离领域"的意识形态。这里主要是进一步了解它们与对国家福利支出的态度之间的相互关系。

正如预期的一样，完全独立模型（表 3.2 的第 1 行）未能很好地拟合数据。这个模型拥有 74 个自由度，L^2 等于 186，并且错误分类略大于 16％。另一方面,具有一些或者所有二维交互参数模型的相对拟合优度明显优于这一完全独立模型。具有 FI 的模型(第 2 行)在自由度为 36 的情况下,其 L^2 等于 35.35,并且 $p < 0.50$,所以这个模型是更好的。

表 3.1　政治取向、性别分工态度和福利支出态度的交互情况

政治取向 (POLVIEWS)	国家福利支出(NATFARE)											
	过少				恰好				过多			
	男人最好外出工作,女人最好打理家务和照顾家庭(FEFAM)											
	SD	D	A	SA	SD	D	A	SA	SD	D	A	SA
强自由主义	9	5	5	1	1	6	5	1	2	2	2	1
自由主义	17	13	7	4	13	22	9	1	7	13	6	2
弱自由主义	8	14	6	0	10	29	10	0	5	14	6	2
中间取向	20	38	24	8	23	72	34	10	17	67	36	12
弱保守主义	4	21	12	4	7	30	9	1	9	19	14	2
保守主义	2	9	8	3	1	16	19	2	11	28	28	11
强保守主义	0	1	5	0	2	3	3	2	2	7	6	6

注:SD——非常不同意;D——不同意;A——同意;SA——非常同意。
资料来源:2006 年综合社会调查。

表 3.2　适用于表 3.1 的偏关联分析

模 型 描 述	df	L^2	BIC	Δ	p
1. 完全独立	72	167.59	−324.24	14.13	0.000
2. 完全二元交互	36	35.35	−210.56	5.72	0.499
3. 条件独立于 POLVIEWS	42	47.25	−239.65	7.30	0.267
4. 条件独立于 FEFAM	48	87.33	−240.56	10.33	0.001
5. 条件独立于 NATFARE	54	91.04	−277.83	10.08	0.001
6. RC(1)＋RL(1) 偏关联	57	68.58	−320.78	8.83	0.140
7. 模型 6 加上单一性行(POLVIEWS)数 　值约束	62	72.77	−350.74	9.07	0.165
8. 模型 6 在行(POLVIEWS)数值上添加单 　一性和平等性约束 $(\mu_1 = \mu_2,\ \mu_4 = \mu_5)$	64	73.59	−363.58	9.21	0.193

注:POLVIEWS、FEFAM 和 NATFARE 分别作为行、列和层变量。

其他三个模型(第 3 行至第 5 行)是不同的条件独立设定形式。这些结果暗示着,在个人政治取向(POLVIEWS)的条件下,FEFAM 和 NATFARE 是相互独立的(第 3 行)。这个模型拥有 42 个自由度,L^2 等于 47,并且当控制 POLVIEWS 时,FEFAM 和 NATFARE 的观察关系是虚假的。它们都由个人的政治取向所决定。

模型 2 和模型 3 之间的差异生成了六个自由度,等于 11.90 的 L^2,而卡方统计值刚好达到显著水平($p = 0.06$),这表明,加入 FEFAM 和 NATFARE 的交互项的贡献相对少。第六行进一步分解了条件参数(细节见公式 3.8)。尽管当前模型的相对拟合优度有所下降,但是其拟合程度的下降是不显著的(15 个自由度,$\Delta L^2 = 21.33$, $p = 0.12$),所以这一模型更好。最后,第 7 行的模型在 POLVIEWS 变量上加上单一性行数值约束(如,$\mu_i = \mu_i^*$),然而第 8 行的模型加入了额外的不平等性约束,如 $\mu_1 = \mu_2$ 和 $\mu_4 = \mu_5$,即在强自由主义和自由主义之间的距离等于保守主义和弱保守主义之间的距离。这种不平等性约束有助于保持在 RC(1) 和 RL(1) 偏关联中发现的单调关系。在两种情况下,拟合程度的下降是微小的,但最后一个模型(第 8 行)提供了理解这三个变量之间关系的最简单方法。

表 3.3 报告了表 3.2 中最后三个模型的参数估计值和它们的渐进标准误。由于从这些模型中得到的点估计值只有细微的不同,所以接下来的讨论主要集中在模型 8 上(如具有单一性行数值约束和不平等性约束)。CIA 模型告诉我们,不仅 FEFAM 和 NATFARE 之间的关系在条件 POL-VIEWS 下是独立的,而且我们同样可以在高度参数化的形

式下描述这种关系。一般而言,一个人的政治取向越自由,他/她就越不同意"性别化"的劳动分工,并且会认为美国政府在国家福利项目上并没有足够的支出。然而,性别分工和福利支出之间的关系是虚假的。这两者之间的任何观察关系在很大程度上都是个人政治取向的结果。而且,这些偏关系是倾向于单调性的,除了强自由主义与自由主义之间和保守主义与弱保守主义之间并不存在明显的差别外。事后看来,我们可以在表 2.4 中的 RC 模型上更早地加入约束条件 $\mu_1 = \mu_2$ 和/或 $\mu_4 = \mu_5$,以获得对 POLVIEWS 和 FEFAM 之间关系的简单理解。

表 3.3　经由选择的偏关联参数 (POLVIEWS × FEFAM × NATFARE)

		模型 6	模型 7	模型 8
POLVIEWS × FEFAM 偏关联				
ϕ_{RC}		1.983	1.950	1.942
		(0.744)	(0.374)	(0.374)
μ_i	强自由主义	-0.189	-0.413	-0.403
		(0.175)	(0.111)	(0.043)
	自由主义	-0.456	-0.386	-0.403
		(0.112)	(0.083)	(0.043)
	弱自由主义	-0.365	-0.269	-0.279
		(0.115)	(0.084)	(0.082)
	中间取向	-0.013	0.027	-0.002
		(0.082)	(0.057)	(0.047)
	强保守主义	-0.063	-0.056	-0.002
		(0.111)	(0.077)	(0.047)
	保守主义	0.421	0.494	0.492
		(0.124)	(0.084)	(0.084)
	弱保守主义	0.665	0.601	0.597
		(0.110)	(0.086)	(0.087)
ν_j	非常不同意	-0.703	-0.726	-0.733
		(0.064)	(0.059)	(0.058)
	不同意	-0.208	-0.170	-0.162

续表

		模型 6	模型 7	模型 8
		(0.093)	(0.094)	(0.093)
	同意	0.313	0.300	0.304
		(0.111)	(0.110)	(0.111)
	非常同意	0.582	0.610	0.593
		(0.097)	(0.092)	(0.095)
POLVIEW×NATFARE 偏关联				
ϕ_{RL}		1.567	1.438	1.412
		(0.405)	(0.226)	(0.226)
μ_i	强自由主义	−0.606	−0.413	−0.403
		(0.124)	(0.111)	(0.043)
	自由主义	−0.275	−0.386	−0.403
		(0.115)	(0.083)	(0.043)
	弱自由主义	−0.158	−0.269	−0.279
		(0.113)	(0.084)	(0.082)
	中间取向	0.065	0.027	−0.002
		(0.072)	(0.057)	(0.047)
	强保守主义	−0.051	−0.056	−0.002
		(0.100)	(0.077)	(0.047)
	保守主义	0.512	0.494	0.492
		(0.104)	(0.084)	(0.084)
	弱保守主义	0.514	0.601	0.597
		(0.125)	(0.086)	(0.087)
η_k	过少	−0.607	−0.580	−0.569
		(0.076)	(0.084)	(0.087)
	恰好	−0.169	−0.207	−0.222
		(0.111)	(0.116)	(0.117)
	过多	0.776	0.788	0.791
		(0.035)	(0.032)	(0.030)

注：括号中的数值为渐进标准误。

第 8 节 | 例 3.2：偏关联模型

表 3.4 展示了三个关于生活满意度指数的交互情况。它们是家庭满意度、家庭居住满意度和业余爱好满意度，分别对应行、列和层变量。每一个变量都分为四个类别：1 表示不满意，2 表示比较满意，3 表示满意，4 表示非常满意。总共有 1 509 个个案。这张表从 1977 年综合社会调查数据中获得并且已经被克洛格（Clogg，1982b）详细地分析过了。下面的再分析将提供关于这三个变量之间关系的新的、更优的理解。

完整的独立模型（表 3.5 的第 1 行）生成了 54 个自由度和等于 544 的 L^2，并且清楚地表明，这三个生活满意度的指数以一种系统的方式相互关联。

表 3.4　关于生活满意度 3 大指数的交互情况

$L =$	$R =$	$C = 1$	$C = 2$	$C = 3$	$C = 4$
1	1	76	14	15	4
1	2	32	17	7	3
1	3	64	23	28	15
1	4	41	11	27	16
2	1	15	2	7	4
2	2	27	20	9	5
2	3	57	31	24	15
2	4	27	9	22	16
3	1	13	6	13	5

续表

$L=$	$R=$	$C=1$	$C=2$	$C=3$	$C=4$
3	2	12	13	10	6
3	3	46	32	75	20
3	4	54	26	58	55
4	1	7	6	7	6
4	2	7	2	3	6
4	3	12	11	31	15
4	4	52	36	80	101

注:变量 L、R 和 C 分别表示业余爱好满意度、家庭满意度和家庭居住满意度。变量编码是 1(不满意)、2(比较满意)、3(表示满意)和 4(非常满意)。
资料来源:这张表曾由克洛格(Clogg,1982b:表3)分析过,并且是从1977年综合社会调查数据中获得的。

第 2 行至第 5 行的模型生成了一系列由克洛格(Clogg, 1982b)报告的模型来解释这三个指数间的关系。模型 2 将所有二维交互参数分解成一维的偏关联要素(详情见公式 3.10)。即使当前模型的拟合优度统计值相对于完全独立模型有了显著的改善,但它明显无法很好地拟合数据(39 个自由度,L^2 等于 109)。

表 3.5   适用于表 3.4 的偏关联分析

模 型 描 述	df	L^2	BIC	Δ	p
1. 完全独立	54	544.37	149.13	23.73	0.000
2. 非受限 RC(1)＋RL(1)＋CL(1)	39	109.23	−176.22	9.81	0.000
3. 带有一致数值约束的受限 RC(1)＋RL(1)＋CL(1)	45	123.70	−205.66	10.90	0.000
4. 准确拟合单一性单元格的非受限 RC(1)＋RL(1)＋CL(1)	35	37.68	−218.49	4.63	0.347
5. 带有一致数值约束和准确拟合单一性单元格的受限 RC(1)＋RL(1)＋CL(1)	41	49.15	−250.93	5.50	0.179
6. 完全二元交互	27	29.00	−168.62	4.86	0.361

续表

模　型　描　述	df	L^2	BIC	Δ	p
7. 准确拟合单一性单元格的完全二元交互	23	21.93	−146.41	3.70	0.524
8. 在所有偏关联中的非受限一致和对数乘积关联模型 $U_{RC}+RC(1)+$ $U_{RL}+RL(1)+U_{CL}+CL(1)$	36	45.85	−217.64	6.25	0.126
9. 带有单一性行数值的模型 8	38	47.13	−231.00	6.25	0.147
10. 带有单一性列数值的模型 8	38	50.90	−227.23	6.31	0.079
11. 带有单一性层数值的模型 8	38	53.63	−224.50	6.58	0.048
12. 模型 9 + $U_{RL} = U_{CL}$	39	48.57	−236.88	6.57	0.140
13. 带有单一性数值约束的模型 8	42	55.07	−252.34	6.69	0.085
14. 模型 13 + $U_{RL} = U_{CL}$	43	55.96	−258.77	6.82	0.089
15. 模型 14 − CL(1)	44	55.98	−266.06	6.83	0.106

当这个模型在行、列和层数值上具有单一性数值约束时（公式 3.11），它看来似乎与数据相当一致了，但是这个模型的总体拟合程度仍然不能令人满意。

克洛格（Clogg，1982b）推测，以上模型无法提供令人满意的结果的主要原因在于交互表格中的四种单一性单元格，即 (1，1，1)，(2，2，2)，(3，3，3) 和 (4，4，4) 单元格。换言之，将这三个生活满意度指数一致地列为满意或者不满意的个案与总体的情况非常不一样。事实上，当所有这四个单元格完全被屏蔽或者完全被拟合后，克洛格（Clogg，1982b）才能确定一些最好的描述这种关系的关联模型。现在，它们重新出现在第 4 行和第 5 行。这两个模型的主要差异在于，后者除了屏蔽单一性单元格外，还在不同偏关联的行、列和层数值上添加了单一性数值约束。尽管这两个模型的拟合优度统计值（分别为 35 个自由度，L^2 等于 37.78 和 41 个自由度，L^2 等于 49.15）都是令人满意的，但是我们或许会回顾一下,首先看看这样的处理是否真的与数据相一致。

关于屏蔽四种单一性单元格的模糊假设是,假设存在涉及这些单元格的三个生活满意度指数之间的三维交互项。这一假设在什么程度上与数据一致呢?第 6 行和第 7 行的模型为我们提供了关于这一问题的直接答案。基于检验统计值,到目前为止,读者并不能拒绝与任何之前讨论过的模型相比,FI 模型(第 6 行)是最优模型这一假设。它拥有 27 个自由度,L^2 等于 29,且在统计上并不显著。与之相似,准确地拟合单一性单元格时,重新估计的 FI 模型(第 7 行)同样提供了令人满意的结果。事实上,这两个模型在拟合优度统计值上的差异表明,与克洛格(Clogg, 1982b)的处理方式相反,这四种单一性单元格并不是导致背离完整二维交互的真正原因。因此,克洛格的模型(第 4 行和第 5 行)提供了一个不完整的影像,甚至会扭曲生活满意度三大指数之间的关系。

为了完整地捕捉所有三个偏关联要素的复杂性,更好的做法是增加这三个偏关联项的维数。第 8 行通过为每一项偏关联加入单一性关联要素,从而引入了二维关联参数。这一模型使用了 3 个自由度,生成了 36 个自由度和等于 45.85 的 L^2。令人满意的是,这一结果在 0.10 显著水平上可被接受。接下来的三个模型(第 9 行至第 11 行)尝试检验一些行、列和层数值是否真的在不同偏关联要素上保持一致。结果显示,只有单一性行数值约束似乎与数据相一致(第 9 行)。在模型 9 的条件下,第 10 行进一步增加约束条件,即在 RL 和 CL 之间的偏单一性关联参数是相同的,结果表明,这是肯定的。模型 13 反而在行、列和层数值上添加单一性数值约束。相对于模型 8,模型 13 获得了 6 个自由度和等于 9.22($p=0.16$)的 ΔL^2 ,它更值得选择。基于对报告的参数估计值的仔细检查,在 RL 和 CL 关联中的单一性数值关联参数似乎是相等的。于是这一假设在第 14 行中得到检验,导致在拟合优度统计值上的微小改变。最后,这些估计值进一步表明,没有必要添加对数乘积要素来解释 CL 偏关联。相反,通过在 CL 偏关联要素中的单一的单一性关联参数(U_{CL})便足以获得 CL 偏关联。第 15 行中的拟合优度统计值再一次证实,这一假设事实上是与数据相一致的,并且不能被拒绝。

因此,尽管包含二维混合(对数线性和对数乘积)偏关联模型,但我们最终拥有三个可选择的模型设定来理解这三个生活满意度指数间的复杂关系。它们十分不同于克洛格(Clogg,1982b)早先报告的模型。他的首选模型事实上比这里展示的模型更加复杂,因为并不存在关于这三个指数之间的三维交互情况的实证支持。当然,这并不意味着这三个指数之间的偏关联模式是简单的。

为了全面理解复杂的偏关联模式,表 3.6 提供了模型 9、模型 12 和模型 15 中的参数估计值和它们的渐进标准误。由于从这三个模式中得到的估计值之间的差异很小,它们描绘了这三个生活满意度指数之间相对简单的关系。这三个模式均指向所有偏关联之内的二维关联模式的重要性,除了在模式 15 中,家庭居住满意度和业余爱好满意度之间的偏关联可以通过一个单一的偏单一性关联参数(U_{CL})获得。相对于家庭满意度和家庭居住满意度之间的偏内在关联系数($\phi_{RC}=0.6$),家庭满意度和业余满意度之间存在特别强的偏内在关联性($\phi_{RL}=1.1$)。尽管 ϕ_{CL} 的参数估计在模型 9 和模

型 12 中是统计显著的，但在 CL 偏关联中，多数被估计的列
和行数值参数分别为 ν_j 和 η_k，拥有很大的渐进标准误，并且
在统计上是不显著的。这强调了为什么在模型 15 中，删除
对数乘积 RL 偏关联并不会导致拟合程度的显著下降。

表 3.6　适用于表 3.4 的偏关联模型经由选择的参数估计值

		模型 9	模型 12	模型 15
RC 偏关联				
U_{RC}		0.134	0.133	0.133
		(0.025)	(0.025)	(0.025)
ϕ_{RC}		0.661	0.640	0.642
		(0.140)	(0.137)	(0.138)
μ_i	不满意	0.561	0.538	0.544
		(0.079)	(0.079)	(0.078)
	比较满意	−0.593	−0.598	−0.598
		(0.070)	(0.069)	(0.069)
	满意	−0.392	−0.389	−0.388
		(0.084)	(0.084)	(0.084)
	非常满意	0.424	0.449	0.443
		(0.089)	(0.085)	(0.085)
ν_j	不满意	0.160	0.181	0.172
		(0.146)	(0.151)	(0.150)
	比较满意	−0.736	−0.742	−0.745
		(0.089)	(0.089)	(0.086)
	满意	−0.076	−0.081	−0.068
		(0.157)	(0.160)	(0.154)
	非常满意	0.653	0.641	0.641
		(0.109)	(0.114)	(0.113)
RL 偏关联				
U_{RL}		0.248	0.224	0.229
		(0.025)	(0.016)	(0.016)
ϕ_{RL}		1.137	1.140	1.138
		(0.140)	(0.137)	(0.137)
μ_i	不满意	0.561	0.538	0.544
		(0.079)	(0.079)	(0.078)

续表

		模型 9	模型 12	模型 15
η_k	比较满意	−0.593	−0.598	−0.598
		(0.070)	(0.069)	(0.069)
	满意	−0.392	−0.389	−0.388
		(0.084)	(0.084)	(0.084)
	非常满意	0.424	0.449	0.443
		(0.089)	(0.085)	(0.085)
	不满意	0.051	0.045	0.048
		(0.090)	(0.089)	(0.089)
	比较满意	−0.662	−0.662	−0.658
		(0.060)	(0.059)	(0.060)
	满意	−0.126	−0.122	−0.130
		(0.090)	(0.085)	(0.084)
	非常满意	0.737	0.738	0.740
		(0.049)	(0.049)	(0.048)
CL 偏关联				
U_{CL}		0.203	0.224	0.229
		(0.023)	(0.016)	(0.016)
ϕ_{CL}		0.284	0.276	—
		(0.101)	(0.102)	
ν_j	不满意	−0.337	−0.278	—
		(0.301)	(0.308)	
	比较满意	−0.089	−0.140	—
		(0.361)	(0.370)	
	满意	0.841	0.848	—
		(0.089)	(0.080)	
	非常满意	−0.415	−0.430	—
		(0.323)	(0.323)	
η_k	不满意	−0.090	0.017	—
		(0.361)	(0.368)	
	比较满意	−0.621	−0.652	—
		(0.240)	(0.230)	
	满意	0.776	0.749	—
		(0.152)	(0.180)	
	非常满意	−0.065	−0.114	—
		(0.323)	(0.332)	

注：行、列和层变量分别为家庭、居住和业余爱好满意度。括号中的数值为
渐进标准误。

　　另一个重要的观察是,这三个指数被估计的行、列和层数值(分别为 μ_i、ν_j 和 η_k)并不具备一个好的单调排序。这解释了为什么所有在偏关联之内只包含一维关联要素的这些模型无法提供令人满意的拟合。在克洛格(Clogg,1982b)的例子中,他主观地确定了四种单一性单元格以获得令人满意的结果。因而,他错误地推断在这三个指数之间存在一个简单的线性关系,但事实上的偏关联模式比这复杂得多。所以,"生活满意度其中一个指数的高水平是与其他方面的高满意度相关的"这个简单的观点是站不住脚的。

第**4**章

条件关联模型在三向交互表上的应用

对于大多数社会科学的应用来说，它们的分析往往涉及双向或者三向（或者多向）的交互项。比如，如果层变量是一个分类变量，我们会希望知道行变量与列变量的相关性是否在分类变量的整个范围内是不变的。在此需要重申的是，分类变量是按照最宽泛的方式定义的，它可以指一个或多个变量。如果行变量与列变量的相关性在分类变量的整个范围内是变化的，那么，我们就需要通过模型化可提供实质性解释的要素来进一步简化我们的认识。例如，运用线性或二次项趋势约束以及/或者类 ANOVA 分解方法（Wong，1995）。但是，如果层变量不是一个类别变量，并且我们感兴趣的是复杂的三维或者多维相关，那么，三模型关联（three-mode association）或相关模型则更合适（Anderson，1996；Siciliano & Mooijaart，1997；Tucker，1966；关于一些受限三模型关联模型与一些条件关联模型之间关系的讨论，请参见 Wong，2001）。但是，因为篇幅的限制，我对后者不予讨论。

我们对之前章节所介绍的偏相关模型对行变量与层变量、列变量与层变量之前的关系并不感兴趣，与之相对应的参数因此也未被分解。与其不同的是，我们却对在层变量条件下，行变量与列变量之间的相关性特别感兴趣。从理论上来说,我们这一章所讨论的模型种类被称作"条件关联模型"。它们能够提供许多有趣的方式来捕捉对条件独立模型的偏离,并能够具体指出组间差异在哪里(Becker,1989a,1989b,1990;Becker & Clogg,1989;Clogg,1982a,1982b;Clogg & Shihadeh,1994;Erikson & Goldthorpe,1992;Goodman & Hout,1998,2001;Wong,1990,1992,1995;Xie,1992;Yamaguchi,1987)。

第 1 节 | 条件独立或者条件 RC(0)模型

假设现在有三个变量 A、B 和 C 来代表相应的行、列、层,并且变量 C 是类别变量。与之前在第 3 章中展示的类似,条件独立(CI)模型(与方程 3.3 进行比较)可以被写成如下形式:

$$\log \mathrm{F}_{ijk} = \lambda + \lambda_i^A + \lambda_j^B + \lambda_k^C + \lambda_{ik}^{AC} + \lambda_{jk}^{BC} \qquad [4.1]$$

且有 $\lambda_{ij}^{AB} = \lambda_{ijk}^{ABC} = 0$。 在这样的规定下,模型假设在控制了变量 C 之后,变量 A 与变量 B 之间不存在相关关系。换句话说,之前在汇总表中观测到的 A 和 B 之间的相关性大多是虚假的,实际上是由变量 C 造成的。条件独立模型有 $(I-1)(J-1)K$ 个自由度。鉴于公式 4.1 并没有包含任何对数乘积行效应部分与列效应部分,它也可以被称为"条件 RC(0)"模型。根据第 3 章的内容,基于 C 得到的 A 和 B 的条件局部对数优比与在条件独立的情况下得到的条件局部对数优比有相同的结果:

$$\log \theta_{ij(k)} = \log \theta_{ijk} = 0 \qquad [4.2]$$

第 2 节 ｜ **同类或恒定的关联模型**

如果我们只是添加限定条件 $\lambda_{ijk}^{ABC}=0$，公式 4.1 就变成了常规的多项或者双向互动的线性对数模型（或者是公式3.9 中的 FI 模型）。这个模型也被称为"相同的"或者"恒定的"关联模型，因为它假设在行变量与列变量中找到的非特定的关联模式并不会在不同层中变化。换句话说，这个模型假设恒定的发生比在不同层级中是不变的，可以被表述为：

$$\log F_{ijk} = \lambda + \lambda_i^A + \lambda_j^B + \lambda_k^C + \lambda_{ik}^{AC} + \lambda_{jk}^{BC} + \lambda_{ij}^{AB} \qquad [4.3]$$

并且相对应的条件局部优比以及条件局部优比的比率如下所示：

$$\log \theta_{ij(k)} = \log \theta_{ij} \qquad [4.4]$$

和

$$\log \theta_{ijk} = 0$$

其中，$i=1, \cdots, I, j=1, \cdots, J, k=1, \cdots, K$。模型的自由度为 $(I-1)(J-1)(K-1)$。

第 3 节 | 三维交互作用或者饱和模型

最后，当 λ_{ij}^{AB} 和 λ_{ijk}^{ABC} 两项都被包括进去的时候，模型完全饱和，自由度为 0。三维交互或者饱和模型可以表示如下：

$$\log F_{ijk} = \lambda + \lambda_i^A + \lambda_j^B + \lambda_k^C + \lambda_{ik}^{AC} + \lambda_{jk}^{BC} + \lambda_{ij}^{AB} + \lambda_{ijk}^{ABC}$$

$$[4.5]$$

以前的研究者往往在经验研究中是选择公式 4.3 还是公式 4.5 的问题上进退两难。一方面，根据常规的统计检验理论，常数关联模型相对于自由度的拟合优度统计值通常并不令人满意，所以饱和模型会被认为更优。这在样本量特别大的时候更是如此。但另一方面，其他模型选择策略，诸如 BIC 和 AIC，为了遵循科学性的简约而更偏好恒定关联模型。事实上，研究者发现，这两个对数线性模型都是错的，不选某一个错误的模型而选另一个错误的模型并不是一个正确或者可靠的策略。因为"正确"的模型介于两者之间，我们需要发展一个足够强大的中介性统计模型来定位组与组之间的差异，同时分开并区分相关程度（组间差异）中的不同模式（结构）。比如，我们会发现一个非常有趣的现象，相关程度却可以在不同组间发生变化。

第 4 节 │ 模拟组间差别的层效应模型

　　用以检验组间差别的第一组模型被称为"层效应模型"（Erikson & Goldthorpe，1992；Goodman & Hout，1998，2001；Wong，1990，1992；Xie，1992；Yamaguchi，1987）。研究者有一个共同的特征，那就是在每层都使用统计上强大的 1 个自由度检验来检测组间差异。在大多数情况下，他们通常不会假设一个明显的关联结构或关联模式。然而，后一个观测主要是在实际应用中有局限，而不是其存在固有缺陷（更深入的讨论，请参见 Goodman & Hout，1998；Xie，1998；Yamaguchi，1998）。它们之间的主要区别在于，它们对于层级间的差异有不同的规定。

　　对数线性层效应模型（LL₁）（Wong，1990；Yamaguchi，1987）是第一个被提出用于检测组间差距的中介性统计模型。它假设行变量与列变量都有序列特征，或者套用统计上的术语来说，行变量与列变量之间的关联模式是等向性的。[14] 这个模型也被称为"对数线性单一性差异模型"（Wong，1994），并可被写为：

$$\log F_{ijk} = \lambda + \lambda_i^A + \lambda_j^B + \lambda_k^C + \lambda_{jk}^{AC} + \lambda_{jk}^{BC} + \lambda_{ij}^{AB} + \beta_k U_i V_j$$

$$[4.6]$$

这个模型的自由度为 $(I-1)(J-1)(K-1)-(K-1)=$ $(IJ-I-J)(K-1)$。在公式 4.6 中,并不是所有的参数 β_k 都可以唯一识别。常规标准化的方法是设 $\beta_1=0$。经过这样的标准化处理,β_k 可以代表从层 1(基准组)到层 k 在同一组中的优比的离差。公式 4.3 与公式 4.6 的似然检验数据差异产生了一个自由度为 $K-1$ 的卡方值。这种在统计上功能强大的检测方法令研究者得以确认组间差别的存在。基于公式 4.6,层效应对数线性模型假设在条件局部优比中存在下列关系:

$$\log \theta_{ij(k)} = \log \theta_{ij} + \beta_k \qquad [4.7]$$

因此,对于每一个类别来说,完整的一组优比因其乘积项 β_k 的不同而不同。在公式 4.7 中,它可以通过对比层级 k 和层级 k' 被清楚地展现出来:

$$\log \theta_{ij(k)} - \log \theta_{ij(k')} = \beta_k - \beta_{k'} \qquad [4.8]$$

及

$$\frac{\log \theta_{ij(k)}}{\log \theta_{ij(k')}} = \frac{\log \theta_{ij} + \beta_k}{\log \theta_{ij} + \beta_{k'}} \qquad [4.9]$$

换句话说,当条件发生比对数比的比率不能被化约为更简单的项时,条件发生比对数比之间的差别可以被简化为统一的差异。需要注意的是,前者与在公式 3.3 中定义的局部优比是相等的。公式 4.8 所描述的关系也解释了它被称作"对数线性单一性差异模型"的原因。此外,这个模型也与在第 2 章中被讨论过的单一性关联模型紧密相关。

第二层效应模型假设差异是对数乘积的,而不是层与层之间乘积项与对数相加项之间的差异,于是它就成了对数乘积层效应模型（LL₂），这在社会流动的比较研究中也被广泛地称为"UNIDIFF 模型"（Xie，1992；Xie & Pimentel，1992；Erikson & Goldthorpe，1992）。与之前的公式表达不同，它对行类别与列类别并没有做顺序的规定，表达式可以写成如下形式：

$$\log F_{ijk} = \lambda + \lambda_i^A + \lambda_j^B + \lambda_k^C + \lambda_{ik}^{AC} + \lambda_{jk}^{BC} + \phi_k \psi_{ij} \quad [4.10]$$

其中，ψ_{ij} 代表变量 A 与变量 B 之间的完全交互。这里的参数 ψ_{ij} 在限制条件 $\sum_i \psi_{ij} = \sum_j \psi_{ij} = 0$ 的情况下可以被识别，而参数 ϕ_k 则是在限制条件 $\sum_k \phi_k^2 = 1$ 成立的情况下可以被识别。模型的自由度为 $(I-1)(J-1)(K-1) - (K-1) = (IJ-I-J)(K-1)$。与对数线性层效应模型的情况类似，公式 4.3 与公式 4.10 的对数似然检验系数也产生了一个自由度为 $K-1$ 的卡方值以检测组间差异。在上述规定之下，条件对数优比可以写成下列形式：

$$\log \theta_{ij(k)} = \phi_k \log \theta_{ij} \quad [4.11]$$

因此，对每一个类别来说，完整的一组优比因乘积项 β_k 的不同而不同。在公式 4.11 中，它可以通过对比层级 k 和层级 k' 被清楚地展现出来。条件发生比对数比的差异与条件发生比对数比之间存在如下关系：

$$\log \theta_{ij(k)} - \log \theta_{ij(k')} = (\phi_k - \phi_{k'}) \log \theta_{ij} \quad [4.12]$$

及

$$\frac{\log \theta_{ij(k)}}{\log \theta_{ij(k')}} = \frac{\phi_k}{\phi_{k'}} \quad [4.13]$$

公式 4.12 和公式 4.13 表明，条件发生比对数比的差异不能化约为较简单的项,而在层 k 中,一对单元格的条件发生比对数比与该对单元格在层 k' 中相对应的条件发生比对数比的比率是一个常数。这就证明了层与层之间本质上的差异是对数乘积的而非对数相加的。

如果对数线性模型与对数乘积层效应模型都不能提供令人满意的结果,第三个层效应规定就假设了一种更复杂的公式化过程——修正的类回归层效应模型(LL_3)(Goodman & Hout,1998,2001)。这个模型与上面提到的对数乘积层效应模型有很多相似之处,唯一的不同是,它包含了 λ_{ij}^{AB} 这个项。其表达式可以写成如下形式:

$$\log F_{ijk} = \lambda + \lambda_i^A + \lambda_j^B + \lambda_k^C + \lambda_{ik}^{AC} + \lambda_{jk}^{BC} + \lambda_{ij}^{AB} + \phi_k \psi_{ij}$$

[4.14]

这个模型的自由度为 $(IJ - I - J)(K - 2)$。根据古德曼和豪特(Goodman & Hout,1988)的研究,其条件对数优比可以写成如下形式:

$$\log \theta_{ij(k)} = \xi_{ij} + \xi_{ij}' \phi_k$$ [4.15]

其中,

$$\zeta_{ij} = \lambda_{ij}^{AB} + \lambda_{i+1, j+1}^{AB} - \lambda_{i+1, j}^{AB} - \lambda_{i, j+1}^{AB}$$ [4.16]

及

$$\zeta_{ij}' = \psi_{ij} + \psi_{i+1, j+1} - \psi_{i+1, j} - \psi_{i, j+1}$$ [4.17]

上述规定与最小二乘法(OLS)的规定 $E(y \mid x) = \beta_0 + \beta_1 x$ 有很多相似之处。根据上述公式化过程,在比较层 k 与层 k' 的时候,条件对数优比之间的差异与条件对数优比之间的比率可以写成如下形式:

$$\log \theta_{ij(k)} - \log \theta_{ij(k')} = \zeta_{ij}'(\phi_k - \phi_{k'}) \qquad [4.18]$$

及

$$\frac{\log \theta_{ij(k)}}{\log \theta_{ij(k')}} = \frac{\zeta_{ij} + \zeta_{ij}' \phi_k}{\zeta_{ij} + \zeta_{ij}' \phi_{k'}} \qquad [4.19]$$

从公式 4.18 和公式 4.19 可以看出,条件对数优比之间的差异与条件对数优比之间的比率对于不同的 i、j 来说都是不同的。相反,对数优比中层间差别的比率都是成比例的。表达式如下:

$$\frac{\log \theta_{ij(k)} - \log \theta_{ij(k')}}{\log \theta_{ij(k)} - \log \theta_{ij(k^*)}} = \frac{\phi_k - \phi_{k'}}{\phi_k - \phi_{k^*}} \qquad [4.20]$$

其中, $k \neq k' \neq k^*$ 。[15]这种类回归方法的好处包括:(1)尽管 λ_{ij}^{AB} 建立了关联的基准模式,但 ψ_{ij} 和 ϕ_k 在层 k 上调整了这种基准模式;(2)由 λ_{ij}^{AB} 建立的关联基准模式。比如,我们可以运用完全交互、单一性关联、RC 关联、拓扑模型等来分别或同时约束 λ_{ij}^{AB} 与 ψ_{ij}(Xie,1998;Yamaguchi,1998)。如果要在层级之间做有意义的比较,LL₃ 下最少要包含三个层级。

第 5 节 │ 模拟组间差别的关联模型

当它们能提供就自由度而言令人满意的拟合值时,上述层效应模型就可以提供在统计上非常强大的检验来测量组间差异。如果它们不能,那么我们可以通过扩展到之前章节所讨论的关联模型来模拟组间差异。与我们之前的讨论类似,后者可以被粗略地划分到两个特定的类别中:(1)关联结构是否可以在对数线性项或者对数乘积项中被体现出来(比如混合模型);(2)关联的复杂程度是单一维度或者多维度的(Becker,1989a;Becker & Clogg,1989;Wong,2001)。当然,同时包含对数线性部分与对数乘积部分的混合模型必然至少是两维度的。

对数线性设定:(R+C)-L 模型

下面的讨论不会对多表格中不同对数线性公式化过程的应用做全面讲解,相反,重点会特别放在对数线性的行与列效应(R+C)的规定。这个讨论可以被轻易地扩展到其他模型中,比如 U、R 和 C,但因为篇幅的原因,我将不做这样的扩展。[16]接下来我会简略地说明,对数线性行与列效应模型(R+C)在多表格中的应用是和与其相对应的对数乘积模型(RC)非常类似的。

　　为了与贝克尔(Becker，1989a)以及贝克尔与克洛格
(Becker & Clogg，1989)研究中使用的术语保持统一，多表
格中的对数线性行与列效应模型被归类为(R＋C)－L 模
型。该项前半部分与与之相关的关联模型类别是相对应的，
而该项的后半部分则与层变量的条件关联相对应。同惯例
一样，字母 R、C 和 L 分别代表行、列与层变量。同质对数线
性行与列效应模型是这种规定中最简单的形式。需要注意
的是，在这里，"同质"指的是行效应与列效应在所有级别的
层变量中相等。[17] 然而，"异质性"这一术语指的是特定层下
的行与列效应。同质模型可以表达如下：

$$\log F_{ijk} = \lambda + \lambda_i^A + \lambda_j^B + \lambda_k^C + \lambda_{ik}^{AC} + \lambda_{jk}^{BC}$$
$$+ \phi U_i V_j + \tau_i^A V_j + \tau_j^B U_i \qquad [4.21]$$

其中，U_i 与 V_j 分别是行与列数值中固定的整数。为了识别
参数 τ_i^A 与 τ_j^B，如下的标准化是必需的：$\tau_1^A = \tau_1^A = \tau_1^B = \tau_j^B = 0$。
因此，这个模型的自由度为 $(I-1)(J-1)K - (I-2) -$
$(J-2) - 1 = IJK - (K+1)(I+J-1) + 2$。这是之前讨论过
的常数关联模型(公式 4.3)的一种特殊形式，因为它假设在
关联中没有系数交互或者没有层级差异。其部分的或条件
优比 $\theta_{ij(k)}$ 与局部优比可以写成如下形式：

$$\log \theta_{ij(k)} = \phi + (\tau_{i+1}^A - \tau_i^A) + (\tau_{j+1}^B - \tau_j^B) \qquad [4.22]$$

及

$$\log \theta_{ijk} = \log \theta_{ij(k+1)} - \log \theta_{ij(k)} = 0 \qquad [4.23]$$

需要注意的是，上述条件优比并不包含 $\log \theta_{i(j)k}$ 或者 $\log \theta_{(i)jk}$，

因为它们不能被进一步简化，并且包含 AC 与 BC 交互作用的额外的局部 λ 参数。

如果我们允许关联(ϕ)以及行参数与列参数(τ_i 与 τ_j)在 k 的不同层级中变化，公式 4.21 就变成了不同质模型(有三因素交互作用)。不同质的(R+C)-L 或者 R+C 模型可以被表示为如下形式：

$$\log F_{ijk} = \lambda + \lambda_i^A + \lambda_j^B + \lambda_k^C + \lambda_{ik}^{AC} + \lambda_{jk}^{BC}$$
$$+ \phi_k U_i V_j + \tau_{ik}^{AC} V_j + \tau_{jk}^{BC} U_i \quad [4.24]$$

以下标准化方式被采用：$\tau_{11}^A = \cdots = \tau_{1K}^A = \tau_{I1}^A = \cdots + \tau_{1K}^A = \tau_{11}^B = \tau_J^B = 0$，并且该模型的自由度为 $(I-1)(J-1)K - (I-2)K - (J-2)K - K = (I-2)(J-2)$。在这种情况下，偏条件优比 $\theta_{ij(k)}$ 以及局部优比 θ_{ijk} 可以被写成如下形式：

$$\log \theta_{ij(k)} = \phi_k + \left(\tau_{i+1,\,k}^{AC} - \tau_{ik}^{AC} \right) + \left(\tau_{j+1,\,k}^{BC} - \tau_{jk}^{BC} \right) \quad [4.25]$$

及

$$\log \theta_{ijk} = \left(\phi_{k+1} - \phi_k \right) + \left(\tau_{i+1,\,k+1}^{AC} + \tau_{ik}^{AC} - \tau_{i+1,\,k}^{AC} - \tau_{i.\,k+1}^{AC} \right) +$$
$$\left(\tau_{j+1,\,k+1}^{BC} + \tau_{jk}^{BC} - \tau_{j+1,\,k}^{BC} - \tau_{j.\,k+1}^{BC} \right) \quad [4.26]$$

$\log \theta_{i(j)k}$ 与 $\log \theta_{(i)jk}$ 都包含 AC 与 BC 交互作用的局部参数 λ 以及对数线性行效应与列效应的成分，同时，它们不能被进一步简化。

当上述模型中的一个能够给出理想的结果，比较它们的拟合值就可以为求解行效应与列效应的总变化提供宝贵的信息。根据之前所提出的层效应模型的逻辑，我们可以提出一个中介模型来使用自由度 1 检验(1 自由度检验法)，从而捕捉层间差异。使用贝克尔(Becker，1989a)以及贝克尔与克洛格(Becker & Clogg，1989)研究中提出的术语，这些模型被称为"局部不同质"或者"局部同质"的(R＋C)－L 模型。具体来说，那种假设同质行效应与列效应参数存在于公式 4.2 最后两部分的不同层级间，但特别层效应在 φ 的模型中是受到特别关注的，它可以被写成：

$$\log F_{ijk} = \lambda + \lambda_i^A + \lambda_j^B + \lambda_k^C + \lambda_{ik}^{AC} + \lambda_{jk}^{BC}$$
$$+ \phi_k U_i V_j + \tau_i^A V_j + \tau_j^B U_i \qquad [4.27]$$

其自由度为 IJK－(I＋J)(K＋1)＋4。在这样的情况下，条件与局部优比可以被分别写成如下形式：

$$\log \theta_{ij(k)} = \phi_k + (\tau_{i+1}^A - \tau_i^A) + (\tau_{j+1}^B - \tau_j^B) \qquad [4.28]$$

及

$$\log \theta_{ijk} = \log \theta_{ij(k+1)} - \log \theta_{ij(k)} = \phi_{k+1} - \phi_k \qquad [4.29]$$

换句话说，上述模型把所有的层差异转化为了单一参数 ϕ_k，却保持行效应参数与列效应参数为常量。这样的表达形式清楚地表明，上述模型是之前所讨论过的对数线性层效应模型的一种特殊形式。尽管公式 4.28 中的最后两项"对数线性行效应与列效应的差异"代表了一种普遍的关联模式或者关联结构，ϕ_k 项却代表了不同级别上的关联。其他局部同质模型也是可行的。比如，假设只有列效应是在不同组别变量中保持恒定的模型，其表达式如下：

$$\log F_{ijk} = \lambda + \lambda_i^A + \lambda_j^B + \lambda_k^C + \lambda_{ik}^{AC} + \lambda_{jk}^{BC}$$
$$+ \phi_k U_i V_j + \tau_{ik}^{AC} V_j + \tau_j^B U_i \qquad [4.30]$$

而假设只有行效应在不同组别变量中保持恒定的模型有类

似的表达方式:

$$\log F_{ijk} = \lambda + \lambda_i^A + \lambda_j^B + \lambda_k^C + \lambda_{ik}^{AC} + \lambda_{jk}^{BC}$$
$$+ \phi_k U_i V_j + \tau_i^A V_j + \tau_{jk}^{BC} U_i \qquad [4.31]$$

需要注意的是,在两个模型中,ϕ_k 是共变的,因为仅仅允许行效应或列效应的参数变化,却不允许其关联程度(ϕ_k)随之发生变化的做法是不符合逻辑的。与公式 4.27 相比,公式 4.30 使用了额外的 $(I-2)(K-1)$ 个自由度,而公式4.31则使用了额外的 $(J-2)(K-1)$ 个自由度。因此,公式 4.30 的自由度为 $(J-2)(IK-K-1)$,而公式 4.31 的自由度为 $(I-2)(JK-K-1)$。

当公式 4.27 所表示的模型与数据非常匹配,同时类别变量能反映出时间序列时(比如,调查年份或者出生同期群),我们就可以假设内在关联参数(ϕ_k)能表示下降、上升或者非线性的趋势(Wong, 1995;Wong & Hauser, 1992)。比如,线性或抛物线模型中的 ϕ_k 会被分别写成以下形式:

$$\phi_k = \phi(1 + at) \qquad [4.32]$$

及

$$\phi_k = \phi(1 + at + bt^2) \qquad [4.33]$$

如果需要比较上述两种模型设定的同质部分与异质部分,我们可以通过比较卡方值的差异来判断参数 ϕ_k 是否真的随时间或者世代发生改变。当然,如果在层变量中有足够的观测单位,我们甚至可以包括其他参数性规定,如齿条线回归函数。

如果层变量中包含两个或更多变量,如性别和种族,就

可以将参数 ϕ_k 分解为类 ANOVA 的成分(Raymo & Xie,2000;Wong,1995)。为了简便起见,假设只有两个层变量 L_1 和 L_2,并分别包含 M 与 N 个类别。完全交互模型对于公式 4.27 中的 ϕ_k,则有:

$$\phi_k = \phi_{mn} \qquad [4.34]$$

然而,同质$(R+C)-L$模型则假设:

$$\phi_k = \phi \qquad [4.35]$$

一些中介公式特别有趣:

$$\phi_k = \phi_m + \phi_n \qquad [4.36]$$

$$\phi_k = \phi_m \qquad [4.37]$$

$$\phi_k = \phi_n \qquad [4.38]$$

公式 4.36 到公式 4.38 并不像在公式 4.34 中那样规定 ϕ_k 是全互动的,相反,它们的规定有额外的限制。它们因为附加部分数量的不同而不同。只要对它们的拟合值进行比较,我们就会知道其内在关联参数是否可以以更简单的形式被表达出来。当然,当层变量同时体现时间顺序和多个组别(比如,民族与性别或者国家与性别)时,我们可以同时设定两种约束,从而确定跨表变异的来源。这些约束可以被用在之前所有的层效应模型以及任何即将被简略讨论的包含 ϕ_k 或 ϕ_{mk} 与一维或多维 RC 关联模型中的 1 自由度检验中。

对数乘积规定:RC(M)-L 模型

对于同样的标记,我们可以扩展上述办法,从而像条件关联模型那样加入对数乘积的行与列部分。为了更好地进行说明，下面的讨论会从最一般的形式——多维 RC 条件关联模型，即 RC(M)－L——开始。让我们采用与之前相同的术语，RC(M)项的前半部分与多维 RC 部分相对应，而该项的后半部分则表示这个模型是基于层变量 L 上的。最恰当的建模策略是，首先确定需要多少维度才能正确理解对条件独立性的偏离，当维度被确定之后，再确定在不同的对数乘积部分变化从何而来。

我们将从两个极端的模型开始讨论，它们为同质 RC(M)－L 模型与不同质 RC(M)－L 模型。而 M 值可以在 0 与 $\min(I-1, J-1)$ 之间变换，即存在 $0 \leqslant M \leqslant \min(I-1, J-1)$。当存在 M＝0 时，该模型与条件独立模型等同，而当 M 在同质方程中取最大值的时候，它则会与完全二维关联模型或者恒定关联模型等同。同质 RC(M)－L 模型或者同质 RC(M)可以被写成如下形式：

$$\log F_{ijk} = \lambda + \lambda_i^A + \lambda_J^B + \lambda_k^C + \lambda_{ik}^{AC} + \lambda_{jk}^{BC} + \sum_{m=1}^{M} \phi_m \mu_{im} \nu_{jm}$$

$$[4.39]$$

该模型的自由度为 $(I-1)(J-1)K-M(I+J-M-5)$。为了唯一识别所有的 μ_{im} 和 ν_{jm} 参数，中心化、缩放以及跨维交互约束都是必需的。换句话说，下列约束是必需的：$\sum_{i=1}^{I} \mu_{im} = \sum_{j=1}^{J} \nu_{jm} = 0$ 以及 $\sum_{i=1}^{I} \mu_{im} \mu_{im'} = \sum_{j=1}^{J} \nu_{jm} \nu_{jm'} = \delta_{mm'}$，其中，$\delta_{mm'}$ 是 Kronecker 符号（比如，当 $m=m'$ 时，$\delta_{mm'}=$ 1，否则等于 0）。

在公式 4.39 中，同质 RC(M)－L 模型中的条件对数优比与条件对数优比的比率可以写成如下形式：

$$\log \theta_{ij(k)} = \sum\nolimits_{m=1}^{M} \phi_m (\mu_{i+1, m} - \mu_{im})(\nu_{j+1, m} - \nu_{jm}) \quad [4.40]$$

及

$$\log \theta_{ijk} = 0 \quad [4.41]$$

另一方面,我们可以建立不同质 RC(M)－L 模型,这样,所有的 ϕ_m、μ_{im} 以及 ν_{jm} 的得分参数就可以随着层变量(L)共变。该模型可以写成如下形式:

$$\log F_{ijk} = \lambda + \lambda_i^A + \lambda_j^B + \lambda_k^C + \lambda_{ik}^{AC} + \lambda_{jk}^{BC} + \sum\nolimits_{m=1}^{M} \phi_{mk} \mu_{imk} \nu_{jmk}$$
$$[4.42]$$

该模型的自由度为 $(I-M-1)(J-M-1)$。与之前相类似,如果想达到唯一识别的目的,就必须对行与列的参数进行中心化、缩放与跨维交互约束处理。

在公式 4.42 中,同质 RC(M)－L 模型的条件对数优比与条件对数优比的比率都可以被写成如下形式:

$$\log \theta_{ij(k)} = \sum\nolimits_{m=1}^{M} \phi_{mk} (\mu_{i+1, mk} - \mu_{imk})(\nu_{j+1, mk} - \nu_{jmk})$$
$$[4.43]$$

及

$$\log \theta_{ijk} = \sum\nolimits_{m=1}^{M} \phi_{m, k+1} (\mu_{i+1, m, k+1} - \mu_{im, k+1})(\nu_{j+1, m, k+1} - \nu_{jm, k+1})$$
$$- \sum\nolimits_{m=1}^{M} \phi_{mk} (\mu_{i+1, mk} - \mu_{imk})(\nu_{j+1, mk} - \nu_{jmk}) \quad [4.44]$$

表 4.1 对不同种类的 RC(M)－L 条件关联模型做了一个小结。它有三列:模型设定、跨元交互约束的种类以及相关的自由度。请留意,表中只展示了最多三维的 RC(3)－L 模型,因为一般来说,没有必要再讨论更复杂的交互模式了。事实上,大多数经验数据都可以被两维 RC 条件关联模型很

充分地分析。如果这样的设定还是不能得到令人满意的结果,我们就可以添加简单但能被充分理解的参数来得到那样的结果(比如,研究社会流动中不流动的普遍性)。除了 RC (1)模型,所有非约束 RC(M)－L 条件关联模型都要求跨维交互约束。

表 4.1　一些 RC(M)－L 模型的跨维交互约束与自由度
与 I×J×K 交互分类表

模　型	跨元交互约束	自由度
1. 同质 RC(0)	不适用	$(I-1)(J-1)K$
2. 同质 RC(1)	不适用	$(I-2)(J-2)K$
3. 同质 RC(1)	不适用	$(I-1)(J-1)K-(I+J-3)$
4. 异质 RC(2)	$\sum \mu_{i1k}\mu_{i2k} = \sum \nu_{j1k}\nu_{j2k} = 0$ $\forall k = 1, 2, \cdots, K$	$(I-3)(J-3)K$
5. 同质 RC(2)	$\sum \mu_{i1}\mu_{i2} = \sum \nu_{j1}\nu_{j2} = 0$	$(I-1)(J-1)K-2(I+J-4)$
6. 异质 RC(3)	$\sum \mu_{i1k}\mu_{i2k} = \sum \nu_{j1k}\nu_{j2k} =$ $\sum \mu_{i1k}\mu_{i3k} = \sum \nu_{j1k}\nu_{j3k} =$ $\sum \mu_{i2k}\mu_{i3k} = \sum \nu_{j2k}\nu_{j3k} = 0$	$(I-4)(J-4)K$
7. 同质 RC(3)	$\sum \mu_{i1}\mu_{i2} = \sum \nu_{j1}\nu_{j2} =$ $\sum \mu_{i1}\mu_{i3} = \sum \nu_{j1}\nu_{j3} =$ $\sum \mu_{i2}\mu_{i3} = \sum \nu_{j2}\nu_{j3} = 0$	$(I-1)(J-1)K-3(I+J-5)$
8. 异质 RC(M)	$\sum \mu_{imk}\mu_{im'k} = \sum \nu_{jmk}\nu_{jm'k} = 0$ 其中,$m \neq m'$	$(I-M-1)(J-M-1)K$
9. 同质 RC(M)	$\sum \mu_{im}\mu_{im'} = \sum \nu_{jm}\nu_{jm'} = 0$ 其中,$m \neq m'$	$(I-1)(J-1)K-M(I+J-M-5)$

　　在估计一系列 RC(M)条件关联模型的时候,我们可以用它们的拟合值来推算需要多少个维度,才够我们理解在关联中跨层级的差异(Becker & Clogg,1989)。这种特别的卡

方划分策略将通过两个清楚的例子被简单讨论。在所需要的 RC 维度的数量确定以后,下一步就可以设定局部同质或者局部不同质的约束条件,从而系统地探究究竟是哪些部分(ϕ_{mk}、μ_{imk} 和 ν_{jmk})在不同层级中变化,而哪些则不会。

鉴于一些经验分析牵涉到的对数乘积成分多于两个维度,我们来集中讨论这些情况会更加有意义。当 M＝1 时,下面的局部同质或者局部不同质 RC(1)－L 模型非常有意思:

第一,同质的 μ_i,不同质的 ϕ 及 ν_j:

$$\log F_{ijk} = \lambda + \lambda_i^A + \lambda_j^B + \lambda_k^C + \lambda_{ik}^{AC} + \lambda_{jk}^{BC} + \phi_k \mu_i \nu_{jk} \quad [4.45]$$

这个模型的自由度为 K(I－2)(J－2)＋(K－1)(I－2)＝(I－2)(JK－K－1)。请再一次注意,如果仅仅允许 ν_j 在不同层中变化,而 ϕ 却保持不变,这就不太符合逻辑。该模型的条件对数优比与局部对数优比如下所示:

$$\log \theta_{ij(k)} = \phi_k (\mu_{i+1} - \mu_i)(\nu_{j+1, k} - \nu_{jk}) \quad [4.46]$$

及

$$\log \theta_{ijk} = [\phi_{k+1}(\nu_{j+1, k+1} - \nu_{j, k+1}) - \phi_k (\nu_{j+1, k} - \nu_{jk})](\mu_{i+1} - \mu_i) \quad [4.47]$$

第二,同质的 ν_j,不同质的 ϕ 及 μ_i:

$$\log F_{ijk} = \lambda + \lambda_i^A + \lambda_j^B + \lambda_k^C + \lambda_{ik}^{AC} + \lambda_{jk}^{BC} + \phi_k \mu_{ik} \nu_j \quad [4.48]$$

这个模型的自由度为 K(I－2)(J－2)＋(K－1)(J－2)＝(J－2)(IK－K－1)。其条件或部分对数优比和局部对数优比如下所示:

$$\log \theta_{ij(k)} = \phi_k (\mu_{i+1, k} - \mu_{ik})(\nu_{j+1} - \nu_j) \quad [4.49]$$

及

$$\log \theta_{ijk} = \left[\phi_{k+1} (\mu_{i+1,\,k+1} - \mu_{i,\,k+1}) - \phi_k (\mu_{i+1,\,k} - \mu_{ik}) \right] (\nu_{j+1} - \nu_j)$$

$$[4.50]$$

第三，同质的 μ_i 和 ν_j，不同质的 ϕ：

$$\log F_{ijk} = \lambda + \lambda_i^A + \lambda_j^B + \lambda_k^C + \lambda_{ik}^{AC} + \lambda_{jk}^{BC} + \phi_k \mu_i \nu_j$$

$$[4.51]$$

这个模型的自由度为 $(I-1)(J-1)K - K - (I-2) - (J-2) = IJK - (I+J-1)(K+1) - 1$。其条件对数优比与局部对数优比为：

$$\log \theta_{ij(k)} = \phi_k (\mu_{i+1} - \mu_i)(\nu_{j+1} - \nu_j) \qquad [4.52]$$

及

$$\log \theta_{ijk} = (\phi_{k+1} - \phi_k)(\mu_{i+1} - \mu_i)(\nu_{j+1} - \nu_j) \qquad [4.53]$$

这是一个简单的不同质 RC(1) 模型，并且可以被看作公式 4.10 中对数乘积层效应模型（LL₂）的一个特殊形式，唯一的区别是项 ψ_{ij} 现在由 μ_i 和 ν_j 替代。在公式 4.51 中，我们可以非常容易地确认下列关系：

$$\log \theta_{ij(k)} - \log \theta_{ij(k')} = (\phi_k - \phi_{k'})(\mu_{i+1} - \mu_i)(\nu_{j+1} - \nu_j)$$

$$[4.54]$$

$$\frac{\log \theta_{ij(k)}}{\log \theta_{ij(k')}} = \frac{\phi_k}{\phi_{k'}} \qquad [4.55]$$

$$\frac{\log \theta_{ij(k)} - \log \theta_{ij(k')}}{\log \theta_{ij(k)} - \log \theta_{ij(k'')}} = \frac{\phi_k - \phi_{k'}}{\phi_k - \phi_{k''}} \qquad [4.56]$$

公式 4.55 与公式 4.13 所表示的对数乘积层效应模型是等价的，而公式 4.56 与公式 4.20 所表示的是类回归层效应模型。换句话说,在简单的不同质 RC(1)公式中,条件对数优比的比率与对数优比在不同层次间差异的比率是成比例的。

　　第四是特殊情况。如果模型在第三种情况下与数据相对契合,同时层变量表示时间序列,就可以使用公式 4.32 至公式 4.33 中列出的带有线性或者二次项约束的模型。同样,如果层变量表示多类别(比如,民族与性别),也可以采用公式 4.36 至公式 4.38 中列出的类 ANOVA。

　　然而,将局部同质或者局部不同质约束引入二维条件关联模型 RC(2)－L 会产生一些问题,这已经在其他文献中被详细讨论过了(Becker,1989a,1989b;Becker & Clogg,1989)。首先,笔者(Wong,2001)认为,之前讨论的部分同质模型错误地报告了自由度,因为它们或不需要,或只需要比预期少的跨维交互约束。[18]其次,之前所讨论的例子都是基于两个组别的。鉴于大多数社会科学的应用都需要进行多组别的比较,我们现在还不确定之前的计算可不可以推广到 k 大于 2 的情况。正如我们发现的,它们中的一些只需要 1 个,而不是 k 个跨维交互约束。两种情况都被归纳在了表 4.2 中。

　　采用与之前类似的格式,表 4.2 归纳了一系列局部同质与局部不同质 RC(2)－L 模型。需要注意的是,对任何模型自由度的合理估计方法都完全遵循之前第 2 章的概述。为了最大限度地保持连续性和统一性,第一列中的模型完全遵循贝克尔和克洛格(Becker & Clogg,1989)所采用的术语。行数代表维度数,而列数代表感兴趣的参数数量(三列分别为 ϕ、μ_i 和 ν_i)。最后,所有的条目都有 0 或 1 两种取值,0 代表在层级间没有同质相等的约束,而 1 代表存在这样的约束。

表 4.2　RC(2)－L 模型的跨维交互约束与自由度
（在局部同质或局部不同质的约束情况下）

模　型	跨元交互约束	自　由　度
1. $\begin{bmatrix} 0 & 0 & 1 \\ 0 & 0 & 1 \end{bmatrix}$	$\sum \mu_{i11}\mu_{i21} = \sum \nu_{j1}\nu_{j2} = 0$ 或 $\sum \mu_{i1k}\mu_{i2k} = \sum \nu_{j1}\nu_{j2} = 0$	$(I-1)(J-1)K-2(IK+J-K-3)$
2. $\begin{bmatrix} 0 & 1 & 0 \\ 0 & 1 & 0 \end{bmatrix}$	$\sum \mu_{i1}\mu_{i2} = \sum \nu_{j11}\nu_{j21} = 0$ 或 $\sum \mu_{i1}\mu_{i2} = \sum \nu_{j1k}\nu_{j2k} = 0$	$(I-1)(J-1)K-2(I+JK-K-3)$
3. $\begin{bmatrix} 0 & 0 & 0 \\ 0 & 1 & 1 \end{bmatrix}$	无	$(I-1)(J-1)K-(I+J)(K+1)-2(K+2)$
4. $\begin{bmatrix} 0 & 1 & 1 \\ 0 & 0 & 0 \end{bmatrix}$	无	$(I-1)(J-1)K-(I+J)(K+1)-2(K+2)$
5. $\begin{bmatrix} 0 & 0 & 0 \\ 1 & 1 & 1 \end{bmatrix}$	无	$(I-1)(J-1)K-(K+1)(I+J-3)$
6. $\begin{bmatrix} 1 & 1 & 1 \\ 0 & 0 & 0 \end{bmatrix}$	无	$(I-1)(J-1)K-(K+1)(I+J-3)$
7. $\begin{bmatrix} 0 & 0 & 1 \\ 0 & 1 & 1 \end{bmatrix}$	$\sum \nu_{j1}\nu_{j2} = 0$ 或 $\sum \mu_{i11}\mu_{i2} = 0$	$(I-1)(J-1)K-(I+IK+2J-7)$
8. $\begin{bmatrix} 0 & 1 & 0 \\ 0 & 1 & 1 \end{bmatrix}$	$\sum \mu_{i1}\mu_{i2} = 0$ 或 $\sum \nu_{j11}\nu_{j2} = 0$	$(I-1)(J-1)K-(2I+J+JK-7)$
9. $\begin{bmatrix} 0 & 1 & 0 \\ 1 & 1 & 1 \end{bmatrix}$	$\sum \mu_{i1}\mu_{i2} = 0$	$(I-1)(J-1)K-(2I+J+JK-K-6)$
10. $\begin{bmatrix} 0 & 0 & 1 \\ 1 & 1 & 1 \end{bmatrix}$	$\sum \nu_{j1}\nu_{j2} = 0$	$(I-1)(J-1)K-(I+IK+2J-K-6)$
11. $\begin{bmatrix} 0 & 1 & 1 \\ 0 & 1 & 1 \end{bmatrix}$	无	$(I-1)(J-1)K-2(I+J+K-4)$
12. $\begin{bmatrix} 0 & 1 & 1 \\ 1 & 1 & 1 \end{bmatrix}$	无	$(I-1)(J-1)K-(2I+2J+K-7)$
13. $\begin{bmatrix} 1 & 1 & 1 \\ 0 & 1 & 1 \end{bmatrix}$	无	$(I-1)(J-1)K-(2I+2J+K-7)$

注：模型中的 0 意味着组间无约束，而 1 意味着组间约束是相等的。详细解释请看文字部分。

　　第一个模型不包含对内在关联以及行数值参数的相等约束(如 ϕ_{mk} 和 μ_{imk}),但它包含在两个维度上对列得分参数(ν_{jm})的相等约束。与预期相反,尽管交互分类表包含 k 个层级,但模型仅需要两个而不是 $k+1$ 个跨维交互约束。更具体地来说,我们可以使 $\sum_{i=1}^{I} \mu_{i11} \mu_{i21} = \sum_{j=1}^{J} \nu_{j1} \nu_{j2} = 0$, $\sum_{i=1}^{I} \mu_{i1k} \mu_{i2k} = \sum_{j=1}^{J} \nu_{j1} \nu_{j2} = 0$,或使跨维交互约束。需要注意的是,加入任何不必要的额外约束都会产生不同的检验结果,并使模型比不加约束拟合程度时更差。因此,该模型的自由度为 $(I-1)(J-1)K-2(IK+J-K-3)$。同样,当相等约束被施加到两个维度的行得分参数但没有被施加到另外两个参数时,只有两个而不是 $k+1$ 个跨维交互约束是需要的。后一个模型的自由度为 $(I-1)(J-1)K-2(I+JK-K-3)$。

　　接下来位于第 3 行到第 6 行的四个模型向我们展示了一些局部同质或不同质 RC(2)-L 条件关联模型的另一个有趣特质。模型 3 仅仅对第二维度(μ_{i2} 和 ν_{j2})的行或列数值参数做了平等性约束,但对其他参数(ϕ_{1k}、ϕ_{2k}、μ_{i1k} 以及 ν_{j1k})却没有做额外的约束。与预期相反,跨维交互约束并不需要,并且所有的参数都是轮流唯一的。事实上,我们只需要在可以不对迭代循环施加跨维交互约束的统计软件中使用多个随机初始值,就可以非常容易地确认上述说法。对于那些不需要跨维交互约束的模型来说,它们必须都有唯一收敛的最大似然估计和拟合优度统计值(详情请见第 3 章)。同样,当同质相等约束仅仅被施加于第一层的行与列得分(μ_{i1} 和 ν_{j1})而对其他参数(ϕ_{1k}、ϕ_{2k}、μ_{i2k} 和 ν_{j2k})没有做进一步约束时,同样的规则也适用于模型 4。第 5 行和第 6 行中的模型进一步阐释了当我们将相等约束扩展到它们相对应的内在关联参数(即 ϕ_1、μ_{i1} 和 ν_{j1} 或者 ϕ_2、μ_{i2} 和 ν_{j2})时,跨维交互约束是不需要的。

另一方面，第 7 行到第 10 行所表示的模型仅需要一个跨维交互约束。它们有如下共性：比如，在模型 7 或模型 10 中，只有条件 $\sum_{j=1}^{J} \nu_{j1}\nu_{j2}=0$ 是必需的；在模型 8 与模型 9 中，只有条件 $\sum_{i=1}^{I} \mu_{i1}\mu_{i2}=0$ 是必需的。它们正确的自由度被列在了第三列中。

模型 11 是一个非常有趣的模型，而它已经被笔者 (Wong, 2001) 详细论述过了。因为这个模型在社会科学领域中被广泛地应用，所以下面我将对其做更详细的探讨。这个简单的不同质 RC(M) 模型假设在所有维度上（μ_{im} 和 ν_{jm}）的行与列得分参数都是同质的，但其内在关联参数（ϕ_{mk}）却是不同质的。当 M＝2 时，该模型可以写成如下形式：

$$\log F_{ijk}=\lambda+\lambda_i^A+\lambda_j^B+\lambda_k^C+\lambda_{ik}^{AC}+\lambda_{jk}^{BC}+\phi_{1k}\mu_{i1}\nu_{j1}+\phi_{2k}\mu_{i2}\nu_{j2} \tag{4.57}$$

该模型的自由度为 $(I-1)(J-1)K-2(I+J+K-4)$。根据笔者 (Wong, 2001) 的论述，这个模型可以被"再参数化"为如下形式：

$$\log F_{ijk}=\lambda+\lambda_i^A+\lambda_j^B+\lambda_k^C+\lambda_{ik}^{AC}+\lambda_{jk}^{BC}$$
$$+\phi_1\mu_{i1}\nu_{j1}\eta_{k1}+\phi_2\mu_{i2}\nu_{j2}\eta_{k2} \tag{4.58}$$

其中，$\sum_{k=1}^{K}\eta_{k1}^2=\sum_{k=1}^{K}\eta_{k2}^2=1$。当被写成这种形式的时候，该模型与对数三线方程 (the log-trilinear function) 非常相似，它们都使用在心理测量文献中非常普遍的标准或类似因子 (CP) 分解方式。我们知道，在一般情况下，由 CP 分解方法得到结果大多是唯一的，并且不需要轮转约束 (Carroll & Chang, 1970；Harshman, 1970；Kruskal, 1977)。[19] 其条件对数优比和局部对数优比如下所示：

$$\log \theta_{ij(k)} = \sum_{m=1}^{2} \phi_{mk} \left(\mu_{i+1,\,m} - \mu_{im} \right) \left(\nu_{j+1,\,m} - \nu_{im} \right)$$

$$[4.59]$$

及

$$\log \theta_{ijk} = \sum_{m=1}^{2} \left(\phi_{m,\,k+1} - \phi_{mk} \right) \left(\mu_{i+1,\,m} - \mu_{im} \right) \left(\nu_{j+1,\,m} - \nu_{jm} \right)$$

$$[4.60]$$

上述模型可以被视为前面所讨论的对数乘积层效应模型（LL_2）与回归类型层效应模型（LL_3）的一种特殊形式。说它是 LL_2 的特殊形式是因为，尽管它所假设的效应更复杂，其层级差异却仍然是对数乘积的比例（ϕ_{1k} 和 ϕ_{2k}）。另一方面，说它是 LL_3 的特殊形式是因为公式 4.16 中的 λ_{ij}^{AB} 和 ψ_{ij} 现在被分别替换为（ϕ_{1k}，μ_{i1}，ν_{j1}）与（μ_{i2}，ν_{j2}）。不幸的是，在这样的情况下，其条件对数优比的比率与其对数优比在不同层级中差异的比率都不再是成比例的了，于是它们只能以如下的复杂形式被表现出来：

$$\frac{\log \theta_{ij(k)}}{\log \theta_{ij(k')}} = \frac{\sum_{m=1}^{2} \phi_{mk} \left(\mu_{i+1,\,m} - \mu_{im} \right) \left(\nu_{j+1,\,m} - \nu_{jm} \right)}{\sum_{m=1}^{2} \phi_{mk'} \left(\mu_{i+1,\,m} - \mu_{im} \right) \left(\nu_{j+1,\,m} - \nu_{jm} \right)}$$

$$[4.61]$$

$$\frac{\log \theta_{ij(k)} - \log \theta_{ij(k')}}{\log \theta_{ij(k)} - \log \theta_{ij(k^{\cdot})}}$$

$$= \frac{\sum_{m=1}^{2} \left(\phi_{mk} - \phi_{mk'} \right) \left(\mu_{i+1,\,m} - \mu_{im} \right) \left(\nu_{j+1,\,m} - \nu_{jm} \right)}{\sum_{m=1}^{2} \left(\phi_{mk} - \phi_{mk^{\cdot}} \right) \left(\mu_{i+1,\,m} - \mu_{im} \right) \left(\nu_{j+1,\,m} - \nu_{jm} \right)}$$

$$[4.62]$$

需要注意的是，当 ϕ_{1k} 受到如同 ϕ_1 在公式 4.57 中那样的同质约束的时候，上述包含 CP 分解部分的 RC(2) － L 模型与古德曼和豪特所提出的类回归层效应模型有着非常相似的结构,并且它被命名为"回归类型 RC 效应模型"(Yamaguchi,1998:241)。

　　在表 4.2 中列出的最后两个模型是基于模型 11 的 CP 设定而提出的,但它们仅有一个而不是两个内在关联参数被施加了相等约束(如 ϕ_{1k} 或者 ϕ_{2k})。因为两个模型都可以被写成对数三线的项,因此它们不需要跨元交互约束,并且其收敛估计是轮流唯一的。模型 12 和模型 13 中的条件对数优比与局部对数优比的结构与之前列在公式 4.54 与公式 4.55 中的类似,唯一的区别是相等约束的不同施加对象,参数 ϕ_{mk} 可以被进一步简化为 ϕ_1 或 ϕ_2。

　　上述对局部同质模型或局部不同质模型的系统性比较可以帮助研究者准确定位究竟在哪里需要施加同质性约束或者异质性约束。如果层变量分别或同时是时间序列与多个组别,那么对于采用 CP 分解方法的模型(如模型 11 到模型 13)来说,对参数 ϕ_{mk} 进行进一步限制是可能的。此外,我们还需要注意的是,当条件 RC(2)-L 模型与数据不太契合的时候,我们可以使用混合模型,比如,U+RC(2)-L、R+RC(2)-L、C+RC(2)-L 以及 R+C+RC(2)-L。在一些情况下,将非参数效应(如平方表中的对角线参数)包括进去是更好的。最后,我们也可以考虑另外一种有先验固定数值的模型,U_1^0,U_2^0,…,U_M^0,这实际上是对线性相关关联模型的一种推广。模型 $U_M^0(m)$-L 或者模型 $(U_1^0+U_2^0+\cdots+U_M^0)$-L 可以被看作模型 RC(M)-L 的一种特殊形式。这与豪特(Hout,1984,1988)提出的 SAT 模型是类似的,并且它已经被成功地用以探究美国职业流动结构的时期变化。

第 6 节 ｜ 例 4.1：教育与职业 之间关联的变化

第一个用来说明的例子是如下问题："在美国,教育和职业之间的关系是否随时间发生系统性改变,并且这两者之间的关系是否存在性别差异?"表 4.3 中展示的列联表频数来自"累积综合社会调查(1972—2006 年)"(Davis et al., 2007)。其中包含两个时间段:1975 年至 1980 年以及 1985 年至 1990年。个人教育是用所获得的学位而不是受教育年限来测量的,这样能够更好地反映出雇主对工人证书的需求。受教育程度因此被分为四个等级:(1)四年制大学或以上;(2)两年制大学;(3)高中;(4)高中以下。个人职业被分为五类:(1)高级非体力(UMN);(2)低级非体力(LNM);(3)高级体力(UM);(4)低级体力(LM);(5)农业(F)。样本只取年龄介于 25 岁到 39 岁之间的白人男性与白人女性。下面的分析因此便基于一个 $4 \times 5 \times 2 \times 2$ 的表格(表 4.3),样本总量为 4 078。

仔细观察表格,我们可以发现,随着美国经济快速地由工业向后工业、服务型经济转型,现在较多的工人处于非体力职位,而较少的工人处于体力与农业职位。对于女性来说,情况更是这样。同时,尽管在最后一列(农业)的几个单

表 4.3　美国白人教育与职业之间关联的时期变化（1975—1990 年）

教育文凭	职　　业									
	UNM	LNM	UM	LM	F	UNM	LNM	UM	LM	F
(1) 1975—1980 年	白人男性					白人女性				
四年制大学或以上	201	29	8	13	5	152	29	2	8	0
两年制大学	18	6	3	6	0	17	12	0	3	0
高中	109	74	164	89	16	101	336	9	134	2
高中以下	7	6	45	30	6	7	41	7	63	0
(2) 1985—1990 年	白人男性					白人女性				
四年制大学或以上	247	58	20	23	2	288	51	1	17	3
两年制大学	48	11	16	13	1	47	38	2	18	0
高中	157	68	178	116	27	165	321	27	168	1
高中以下	7	7	50	42	5	12	25	5	29	6

元格中只有很少或者根本没有个案，但让人放心的是，它们对所估计的关联参数的影响可以忽略不计。这就证实了之前的说法："单元格中没有个案或者只有很少的个案，对于关联参数来说没有太大的影响，因为后者是由整行或者整列而不是个别单元格得来的。"

表 4.4 报告了一系列同质和不同质的关联模型，从而探究了教育与职业之间的关联是如何随时间并在不同性别中发生变化的。第一个模型是基准模型，它假设存在常数关联。该模型也可被称为"RC(0)-L"模型，其自由度为 48 且 L^2 为 1 371，这就清楚地说明，表格中存在恒定关联并不是一个合理的假定。第二行和第三行分别报告了由同质与非同质的 RC(1)-L 模型所得到的结果。尽管同质 RC(1)-L 模型较之基准模型，有了极大的进步，但其拟合值仍然表明，该模型与数据的拟合情况并不好。而就不同质 RC(1)-L 模型而言，尽管还是不能符合一般的标准，但它也有巨大的改进

（有 24 个自由度且 L^2 为 69）。同质模型的 BIC 值（－205）比起不同质模型的 BIC 值（－130），其负值更大。尽管许多人因此会选择同质模型为最终的模型，但这却不一定是一个好的决定，因为其他的竞争性模型也许能给出一个同样的甚至负值更大的 BIC 值。

表 4.4　应用于表 4.3 的一般 RC(M)－L 关联的结果

模型描述	自由度	L^2	BIC	Δ	p
1. RC(0)－L（同质）	48	1 370.93	971.89	23.75	0.000
2. RC(1)－L（同质）	42	143.83	－205.33	6.39	0.000
3. RC(1)－L（不同质）	24	69.06	－130.46	3.04	0.000
4. RC(2)－L（同质）	38	117.38	－198.52	5.24	0.000
5. RC(2)－L（不同质）	8	5.83	－60.67	0.44	0.666
6. RC(3)－L（同质）	36	113.18	－186.10	5.19	0.000
7. RC(3)－L（不同质）	0	0.00			
8. U＋RC（同质）	41	124.75	－216.10	5.58	0.000
9. U＋RC（不同质）	22	27.47	－155.42	1.50	0.194

接下来的两组模型（第 4 行到第 7 行）将关联维度由 1 增加到 2 或者 3。其中，异质二维关联模型（第 5 行）给出了目前为止最好的结果（有 8 个自由度且 L^2 为 6）。比较同质 RC(2)－L 模型与不同质 RC(2)－L 模型我们可知，30 个自由度的差异带来了 111.6 个卡方值的变化，这清楚地表明，教育与职业之间的关联在表中是不相同的。当不同质 RC(3) 模型是一个自由度为 0 的饱和模型时，与它相对应的同质模型有 36 个自由度且 L^2 为 113。最后两个模型（第 8 行与第 9 行）是混合模型，它们使用了一个有细微差别的表达式（U＋RC），从而捕捉到复杂的关联结构。不同质 U＋RC 模型的拟合值也得到了非常好的结果（有 20 个自由度，L^2 为

27 且 p 为 0.12)。同质模型与不同质模型的对比也显示出表中的显著差异(在 16 个自由度的情况下改变了将近 97 个卡方值)。虽然我们可以使用其他的混合表达式,如 R＋RC、C＋RC 以及 R＋C＋RC 来更好地理解相关关系,但下面的讨论将仅仅使用 RC(2)－L 模型来展示跨维交互约束可以在什么情况下被放松或缩小,以及如何在需要的时候正确计算自由度。[20]

　　使用列在表 4.4 中的模型,我们可以分解它们的拟合值,从而确定那些能够帮助我们理解相关关系的确切的关联维度。两个划分的结果在表 4.5 中显示出来。在组(1)中,划分是基于不同的完全同质模型。比如,模型 1 与模型 2 的比较表明,教育与职业之间绝大多数的关联都存在于第一个维度(89.5％,6 个自由度),到了第二维度与第三维度,因为对数乘积部分的不同质,关联便分别仅有 2％ 与 0.3％。基于完全异质模型的类似结果也可以在组（2）中被找到。绝大

表 4.5　对应用于表 4.4 的 RC(M)－L 模型的关联进行分析

来　　源	所使用的模型	L² 部分	占总体百分比	自由度
(1) 基于完全同质模型的部分				
第一维度	(1)－(2)	1 227.10	89.50	6
第二维度	(2)－(4)	26.45	1.93	4
第三维度	(4)－(6)	4.20	0.31	2
不同质	(6)	113.18	8.26	36
总计	(1)	1 370.93	100.00	48
(2) 基于完全不同质模型的部分				
第一维度	(1)－(3)	1 301.87	94.96	24
第二维度	(3)－(5)	63.23	4.61	16
第三维度	(5)－(7)	5.83	0.43	8
总计	(1)	1 370.93	100.00	48

多数的关联都存在于第一维度（95％），模型 3 与模型 5 的比较表明，第二维度仅带来略微多于 4.6％的变异，而第三维度则只有不到 0.5％。换句话说，两组结果都表明，表达式 RC(2)－L 最好地捕捉到了教育与职业之间的总关联，且表与表之间存在巨大差异。

从不同质 RC(2)模型开始，表 4.6 报告了一系列受到部分同质约束的模型。在有六组参数（ϕ_{1k}、ϕ_{2k}、μ_{i1k}、μ_{i2k}、ν_{j1k}和 ν_{j2k}）供考虑的情况下，我们需要采取一个正确且系统性的策略。采取常规的方法对同质平等性约束的检验首先被应用于行与/或列的得分参数。如果结果显示支持，对内在关联参数的进一步同质相等约束就会被加入。如果使用得当，这个策略就可以得出简单却非常便于理解的结果。需要注意的是，也许并不是所有在表 4.6 中报告的模型都是必要的，它们被包括在这里仅仅是为了证明之前所讨论的观点：它们中的一些只需要更少，甚至不需要跨维交互约束。

表 4.6　部分同质或部分不同质 RC(2)－L 模型

模 型 描 述	自由度	L^2	BIC	Δ	p
1. 同质的 μ_{i1} 与 μ_{i2}	20	29.25	-137.02	1.82	0.083
2. 同质的 ν_{j1} 与 ν_{j2}	14	7.98	-108.42	0.69	0.891
3. 同质的 μ_{i1} 与 ν_{j1}	15	11.21	-113.49	0.89	0.737
4. 同质的 μ_{i2} 与 ν_{j2}	15	16.90	-107.80	1.46	0.325
5. 同质的 μ_{i1}、μ_{i2} 与 ν_{j1}	22	19.61	-163.28	1.23	0.608
6. 同质的 μ_{i1}、ν_{j1} 与 ν_{j2}	25	33.01	-174.82	2.10	0.130
7. 同质的 ϕ_1、μ_{i1} 与 ν_{j1}	18	12.35	-137.29	1.00	0.829
8. 同质的 ϕ_2、μ_{i2} 与 ν_{j2}	18	18.21	-131.43	1.24	0.442
9. 同质的 μ_{i1}、μ_{i2}、ν_{j1} 与 ν_{j2}	30	38.46	-210.94	2.12	0.138
10. 同质的 μ_{i1}、μ_{i2}、ν_{j1} 与 ν_{j2} 且约束 ϕ_1（性别效应随时间保持恒定）	32	40.44	-225.59	2.17	0.146

续表

模 型 描 述	自由度	L^2	BIC	Δ	p
11. 同质的 ϕ_1、μ_{i1}、μ_{i2}、ν_{j1} 与 ν_{j2}	33	43.44	-230.90	2.31	0.106
12. 同质的 ϕ_1、μ_{i1}、μ_{i2}、ν_{j1} 与 ν_{j2} 且约束 ϕ_2（对不同时期的女性相等）	34	44.64	-238.01	2.70	0.105
13. 同 质 的 ϕ_1、ϕ_2、μ_{i1}、μ_{i2}、ν_{j1} 与 ν_{j2}	38	117.38	-198.52	5.24	0.000

前四个模型提供了不同组合以检验两个维度的行与列数值在不同性别组与不同时期是相等的（层变量是一个 2×2 的类别变量）。每个模型都表示不同的检验：模型 1 在两个维度上都取相同的行得分；模型 2 在两个维度上都取相同的列得分；模型 3 在第一维度上取相同的行与列得分；最后，模型 4 在第二维度上取相同的行与列得分。除了第一个模型，行与列得分在两个维度上确实是在不同层级上相等的。比如，在两个维度上有相同列得分的模型有 14 个自由度且 L^2 为 8，这表明，只有非常少的经验证据能够否定"行得分参数在不同层级上相等"这个虚无假设。根据表 4.2，模型 1 与模型 2 需要两个跨维交互约束，而模型 3 与模型 4 则不需要这样的约束。

接下来的两个模型试图检验三项中的相等约束：模型 5（μ_{i1}、μ_{i2} 和 ν_{j1}）和模型 6（μ_{i1}、ν_{j1} 和 ν_{j2}）。两个模型都只需要一个跨维交互约束。根据它们的拟合值，这样的约束似乎对于前者（有 22 个自由度且 L^2 为 20）比对于后者（有 25 个自由度且 L^2 为 33）更加合适。模型 7 假设在第一维度中的所有参数（ϕ_1、μ_{i1} 和 μ_{j1}）都是同质的，而模型 8 假设在第二维度

中所有参数（ϕ_2、μ_{i2} 和 ν_{j2}）都是同质的。这两种情况都不需
要跨维交互约束，并且它们的结果都是令人满意的（在 18 个
自由度下，L^2 分别为 12 和 18）。模型 9 则采用了 CP 分解的
方法并假设两个内在关联参数 ϕ_{1k} 和 ϕ_{2k} 是不同质的。这个
模型的拟合值一般（有 30 个自由度且 L^2 为 38）。与所有到目
前为止被讨论过的模型相比，模型 9 因为其在所有 RC(M)
模型中 BIC 值负值最多而被偏好。此外，比较现在的模型与
它们的完全同质与完全不同质部分（表 4.4 中的模型 4 与模
型 5），我们可以得知，111.6 卡方中的 78.9，或者说有 70.7％
的总变化可以被 8 个内在参数（ϕ_{1k} 和 ϕ_{2k}）解释，而行与列得
分（μ_{i1k}、μ_{i2k}、ν_{j1k} 和 ν_{j2k}）在不同层级中的变化则可以解释剩
下的 29.3％。

在模型 9 的基础上，最后四个模型希望对两个维度上的
内在关联参数再加进一步的约束。通过对 ϕ_{1k} 的仔细观察，
我们可知，在第一维度，性别随时间只有很少，甚至没有变
化，模型 10 检验了这个假设。与之前的模型相比，两个增加
的自由度并没有导致拟合程度任何明显的退步。进一步观
察发现，对于第一维度中的男性与女性而言，内在关联参数
也没有发生变化。这个假设在模型 11 中得到检验，而后一
个模型的相对拟合程度是令人满意的。基于这个模型的估
计，当女性在第二维度的内在关联参数保持不变时，那些男
性的参数却变化了。模型 12 检验了但无法拒绝这个包含特
殊约束的假设。

最后，表 4.4 中的模型 13 再一次报告了完全同质的
RC(2) 模型。在这里，我们可以看到，ϕ_{1k} 和 ϕ_{2k} 受约束的变化
为我们提供了一个最简洁明了的方式来理解美国教育与职

业的关联是如何在不同时期与不同性别组中变化的。使用
ϕ_{1k} 和 ϕ_{2k} 中的四个参数,被偏好的模型(模型 12)可以捕捉到
总变化中的 65%。此外,受到偏好的模型不仅符合一般标
准,而且它所提供的 BIC 值负值最大。换句话说,当存在可
选择的竞争性假设的时候,我们不得不在模型的精确性与科
学的简洁性上做交换的说法并不成立。

表 4.7 报告了模型 9 与模型 12 的参数估计值与渐进标
准误(通过 R 中的 *gnm* 模块实现)。正如预期的那样,两个
模型中的估计行得分参数与列得分参数高度相关,并且模式
类似。经过对模型 9 的参数估计值进行对称标准化(公式
2.38),图 2.2 与图 2.3 向我们提供了估计行得分(教育)与估
计列得分(职业)各自的图像表现形式。就教育而言,非常明
显的是,其第一维度是垂直的(比如,更高的教育程度有着更
高的得分),而第二维度则表示对该垂直图像的偏离。与之
类似,在第一维度的估计列得分(职业)符合一般的社会经济
地位排序:非体力职业的排序比体力职业与农业职业靠前。
唯一复杂的地方是,低级体力职业有着比农业职业与高级体
力职业更高的排序。然而,这种差异在第一维度中是很小
的。相反,大部分的差异都表现在第二维度的体力与农业
职业之间。这种异常也许在一定程度上是由样本限制造成
的,因为我们的分析只包括那些尚处于他们职业生涯早期
和中期的个体(年龄介于 25 岁和 39 岁之间)。然而,第一
维度的行与列得分已经反映出了社会经济等级可能是地位
获得的垂直图像,即一个人的教育程度越高,其社会经济地
位就越高。

表 4.7 教育与职业之间的关联随时间变化的参数估计(1975—1990 年)

参 数		模型 9		模型 12	
		第一维度	第二维度	第一维度	第二维度
ϕ_{mk}	男性(1975—1980 年)	3.075	0.539	2.979	0.731
		(0.399)	(0.443)	(0.336)	(0.467)
	女性(1975—1980 年)	3.474	1.686	2.979	1.973
		(0.537)	(1.124)	(0.336)	(0.972)
	男性(1985—1990 年)	2.949	−0.770	2.979	−0.705
		(0.411)	(0.484)	(0.336)	(0.421)
	女性(1985—1990 年)	2.460	1.892	2.979	1.973
		(0.382)	(1.110)	(0.336)	(0.972)
μ_{im}	四年制大学或以上	−0.640	0.731	−0.650	0.770
		(0.029)	(0.079)	(0.027)	(0.060)
	两年制大学	−0.239	−0.217	−0.227	−0.165
		(0.039)	(0.141)	(0.039)	(0.143)
	高中	0.168	−0.636	0.171	−0.617
		(0.031)	(0.083)	(0.028)	(0.083)
	高中以下	0.711	0.121	0.705	0.012
		(0.021)	(0.171)	(0.019)	(0.167)
ν_{jm}	高级非体力	−0.765	0.071	−0.748	0.043
		(0.025)	(0.101)	(0.030)	(0.077)
	低级非体力	−0.250	−0.480	−0.280	−0.477
		(0.046)	(0.073)	(0.050)	(0.073)
	高级体力	0.398	−0.198	0.393	−0.227
		(0.052)	(0.105)	(0.053)	(0.102)
	低级体力	0.273	−0.216	0.259	−0.169
		(0.048)	(0.066)	(0.047)	(0.063)
	农业	0.344	0.824	0.376	0.831
		(0.086)	(0.039)	(0.086)	(0.031)

注:括号中的值为渐进标准误。

根据模型 12,第一维度的内在关联参数并不存在性别差异与时间变化。[21] 所有的性别与时间差异都存在于第二维度。如果第一维度表示社会经济等级,那么,第二维度就可以被理解成该等级的额外渠道或者障碍。鉴于内在关联参数对于美国妇女来说（$\phi_2 = 1.973$），在两个时期都非常显著及稳定，那么，这些额外的渠道或者阻碍在各个时期也是一样的。也许最有意思的是，虽然在程度上比女性弱，但这些渠道和限制在 1975 年到 1980 年间对于美国男性来说也是存在的，不过它们的效应到了 1985 年到 1990 年就变成了逆向的。

那么，这些额外的渠道和/或阻碍究竟是什么呢？第一，在其他条件都一样的情况下，受教育程度为"两年制大学"与"高中"的个人更可能从事非体力的职业（在第二维度上的行与列得分都是正的）。这个发现与非体力劳动力的女性化趋势是一致的。与其他发达的工业社会一样，这种现象在职员类、秘书类以及销售类职业中尤其明显。第二，有比我们所想象的多得多的大学毕业生在农业部门工作。当然，这并不必然代表一个显著的发展趋势，因为所涉及的两个性别的实际人数都非常少。第三，大学毕业生相对来说，不太可能在低级非体力与体力职业中绝迹。这也许反映了许多非体力职位职业化的一般趋势。尽管这些额外渠道以及阻碍的来源由受个人偏好影响的劳动力市场的需求与供给所决定，但它们仍然表现出非常明显的性别社会分工。

第 7 节 | **例 4.2：教育水平和婚前**
性行为态度的关系

第二个例子检验了美国教育水平和婚前性行为的关系中可能出现的时间变化情况。表 4.8 的信息来自 1972 年至 2006 年的累计综合社会调查数据（Davis et al.，2007），并且只包括女性。这里总共有 21 个表格及 16 548 个样本。教育水平分为四个类别：（1）高中以下；（2）高中；（3）大专；（4）大学及以上。婚前性行为态度则同样分四种情况：（1）总是错误的；（2）几乎总是错的；（3）有时是错的；（4）没有错。因此，以下的分析是关于一个 4×4×21 的表格。这里起作用的假设是，如果存在一种释放个人自由的环境，且允许女性对她们身体拥有更大控制权，而且具有更高教育水平的女性更可能支持这种观点的长期趋势，那么，（低）教育水平和（不同意）婚前性行为之间的强关联应该随着时间变化而下降。

表 4.8　女性群体中教育水平和婚前性行为态度的交互表

教育水平	婚前性行为态度											
	1	2	3	4	1	2	3	4	1	2	3	4
	1972 年				1974 年				1975 年			
高中以下	170	29	59	50	129	32	46	33	124	42	63	60
高中	105	46	76	50	88	48	85	91	99	42	58	85
大专	43	9	27	28	38	11	35	38	32	15	30	45
大学及以上	13	9	23	21	20	13	25	34	17	12	38	23

续表

教育水平	婚前性行为态度											
	1	2	3	4	1	2	3	4	1	2	3	4
	1977 年				1978 年				1982 年			
高中以下	139	28	65	59	125	31	41	91	164	37	58	91
高中	98	32	68	106	106	38	78	103	112	30	82	135
大专	33	15	36	40	45	18	32	61	49	17	41	94
大学及以上	28	10	12	37	17	13	27	40	25	16	26	63
	1983 年				1985 年				1986 年			
高中以下	105	27	38	76	102	19	29	70	100	26	40	70
高中	96	43	91	98	103	28	61	99	98	33	74	94
大专	38	18	47	64	43	14	46	88	44	5	44	61
大学及以上	38	14	37	59	27	8	21	57	30	8	31	58
	1988 年				1989 年				1990 年			
高中以下	66	19	25	37	59	12	23	42	43	14	20	30
高中	40	22	43	63	75	19	38	63	47	21	35	65
大专	25	17	30	52	23	17	35	59	31	18	30	44
大学及以上	20	9	29	35	21	5	26	37	25	12	23	42
	1991 年				1993 年				1994 年			
高中以下	64	14	21	43	47	17	20	33	88	21	32	61
高中	47	29	38	71	59	20	45	74	117	39	69	136
大专	39	12	25	61	34	19	28	66	78	35	54	115
大学及以上	26	15	27	48	29	10	31	51	65	23	71	120
	1996 年				1998 年				2000 年			
高中以下	68	21	31	66	60	23	35	45	70	18	29	67
高中	97	35	72	120	103	28	73	110	96	29	65	107
大专	61	46	66	122	78	31	55	115	79	26	72	122
大学及以上	58	21	68	110	59	26	58	113	62	21	54	96
	2002 年				2004 年				2006 年			
高中以下	36	7	10	20	25	7	3	20	57	18	33	54
高中	57	14	34	59	54	12	22	46	90	23	61	105
大专	40	15	25	64	48	16	33	63	107	30	60	146
大学及以上	29	9	24	52	21	11	29	56	71	25	70	36

注:样本总量为 16 548。

表 4.9 呈现了一系列模型,用以考察随着时间变化而可能出现的变化。条件独立模型(第 1 行)是用以比较的基准模型。它具有 189 个自由度且 L^2 等于 651。在这样的形式下,有接近 8% 的女性被错误地分类。另一方面,完全二维交互或者同质关联模型有了更大的改善(180 个自由度且 L^2 等于 193),但其拟合优度统计值则下降了 70%。当我们尝试选择同质关联模型作为合理的近似方法时,应该再一次明确地检查其他检验时间变化的模型。两个层效应 LL_1 和 LL_2 在第 3 行和第 4 行中被估计和报告出来。它们的结果非常相似,尽管对数乘积设定表现更佳。然而,尽管 LL_1 和 LL_2 具有 20 个自由度且其 ΔL^2 分别为 19 和 22,但是仍然缺乏证据证明(非结构化)优比存在时间变化。同时,检验变化失败的部分原因是检验本身缺乏统计解释力。相反,我们应该使用更具解释力的 1 自由度参数检验法来考察可见的趋势。当添加了线性趋势约束(第 5 行)时,它仅仅优于同质关联模型。假设它们的 BIC 统计值几乎相同,我们反而应该首选没有添加约束的模型(Raftery,1996;Wong,1994)。换言之,在 1 个自由度下,显著的卡方统计值 5.25 可能仅仅是大样本的结果。

表 4.9 适用于 4.8 的关联模型结果

模型描述	自由度	L^2	BIC	Δ	p
1. 条件独立	189	650.81	−1 185.14	7.84	0.000
2. 同质关联	180	193.07	−1 550.45	3.92	0.169
3. 对数线性层效应(LL_1)	160	174.04	−1 380.21	3.64	0.212
4. 对数乘积层效应(LL_2)	160	170.83	−1 383.41	3.59	0.265
5. 带有线性趋势约束的模型 4	179	187.82	−1 550.99	3.82	0.311

模型描述	自由度	L^2	BIC	Δ	p
6. 异质 U	168	232.60	−1 399.35	4.39	0.001
7. 异质 RC	84	94.45	−721.53	2.48	0.204
8. 简单异质 RC	164	178.42	−1 414.68	3.75	0.209
9. 在 N 中带有线性趋势约束的模型 8	183	195.46	−1 582.20	3.95	0.251
10. 在 N 中带有二次趋势约束的模型 8	182	195.36	−1 572.59	3.96	0.236
11. 同质 RC	184	206.45	−1 580.93	4.08	0.123
12. 模型 8 + $\nu_3 = \nu_4$	165	179.55	−1 423.27	3.79	0.208
13. 在 ϕ 中带有线性趋势约束的模型 12	184	196.79	−1 590.59	3.96	0.246

在上表中,我们估计了两个特别的关联模型,用以捕捉教育水平和婚前性行为态度之间的关系。第一个模型是异质单一性关联模型(第 6 行),而第二个模型则为异质对数乘积行与列效应模型(第 7 行)。从第二个模型中得到的结果明显令人满意(有 84 个自由度,L^2 等于 94.5,且 p 为 0.2),但是第一个模型则表现一般(有 168 个自由度,L^2 等于 233)。表中的其他模型在 RC(1) 模型中加入了各种约束来考察变化趋势。在行与列数值参数(μ_i 和 ν_j)上,第 8 行中的简单异质模型等同于偏同质 RC 模型,它们只通过 ϕ_k 来捕捉时间趋势。这一模型的总体拟合程度是令人满意的(有 164 个自由度,L^2 等于 178.4)。从两个线性趋势(第 9 行)和二次项趋势(第 10 行)约束中得到的结果事实上是等同的,这表明,第二种设定明显与数据不一致。

从第 11 行中的同质 RC 模型中,我们可以确定过去 34 年中的内在关联的变化幅度。对比模型 8 和模型 11 可以看到,ϕ_k 的方差总和大概等于 20 个自由度下的 28 个卡方值。仅具有 1 个自由度的线性趋势约束大约可以占据 17 个卡方值,或者大约 61% 的方差。而且,模型 9 和模型 11 之间的嵌套卡方差异检验在 0.001 水平上是统计显著的,这明确地拒绝了关于线性趋势是由随机干扰或者误差导致的这一假设。我们从模型 10 中得到的 BIC 统计值是目前为止最大的负值($-1\,582$),所以这个模型明显优于其他更简单但很可能是错误的。

或许我们可以得到更精简的模型。对模型 8 的参数估计值的进一步考察表明,关于婚前性行为态度的列估计值十分接近"有时是错的"和"没有错"这两个类别(如 $\nu_3 = \nu_4$)。当仅仅添加这一约束(第 12 行)和同时添加这一约束与线性趋势约束(第 13 行)时,它们均生成了令人满意的结果,而且应该是优先选择的。总而言之,模型 9 和模型 13 都可以用以理解教育水平和婚前性行为态度之间的关联程度随时间而产生的微妙变化。一些实证研究者可能过于强调或滥用了在模型准确度和科学精简度之间作出妥协的例子,因为这两个目标是可能同时达成的。

表 4.10[22] 展示了从模型 9 和模型 13 中得到的参数估计值与它们的渐进标准误。除了 ν_3 和 ν_4 之外,两个模型报告的参数估计值之间并不存在差异。一般而言,教育水平更低的女性对待婚前性行为的态度更加保守,但不赞成它"总是错的"。然而,大学教育水平的女性更可能容忍或者原谅这类行为,她们倾向于将婚前性行为看作"有时是错的"或者"并没有错"。换言之,这里的结果证实了在教育水平和婚前性行为态度之间存在着强关系。然而,这种关系并不是静止的,并且它的强度在 1972 年至 2006 年之间经历着微妙但缓慢的下降(见图 4.1)。

表 4.10　美国女性的教育水平和婚前性行为态度
随时间变化的关联程度参数估计值（1972—2006 年）

参　　数		模型 9	模型 13
ϕ_t（基准模型）		0.812	0.811
		(0.068)	(0.066)
ϕ_t 的线性趋势		−0.010	−0.010
		(0.003)	(0.003)
μ_i	高中以下	−0.769	−0.771
		(0.017)	(0.017)
	高中	−0.086	−0.082
		(0.035)	(0.035)
	大专	0.296	0.292
		(0.041)	(0.042)
	大学及以上	0.560	0.561
		(0.035)	(0.035)
ν_j	总是错的	−0.771	−0.771
		(0.028)	(0.028)
	几乎总是错的	−0.111	−0.115
		(0.061)	(0.061)
	有时是错的	0.398	0.443
		(0.043)	(0.016)
	没有错	0.484	0.443
		(0.038)	(0.016)

注：括号内的数值为渐进标准误。

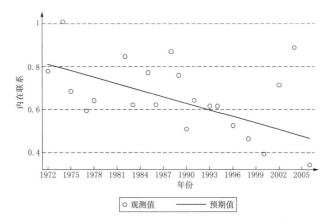

图 4.1　教育水平和婚前性行为之间随时间变化的关联情况

当内在关联程度的年均下降幅度相对较小（0.010）时，其超过 40％的累计下降幅度（从 0.812 至 0.482）则是影响重大的。然而，如果没有使用这些统计上有力的检验方法，我们可能无法观测到这些微妙的变化。总而言之，各种条件关联模型的实用性在这两个例子中已经成功地被证实了。在这两种情况下，最终的模型可以提供简单且具有实质解释力的结果。意义更重大的是，我们对最终模型的选择满足了两个看似矛盾的要求——模型准确度和科学精简度。

第 **5** 章

关联模型的实际应用

　　关联模型的应用已经在前几章中成功地被用来分析双向表、三向表甚至多向表。它们不仅对复杂的关联模式提供了深入的理解，其结果还揭示了当关联模型与数据一致时，将传统的数据检验作为选择竞争模式的准则仍然是有重大意义的。此外，对最终首选模式的选择看起来并不受样本量的影响，尽管后者在不同的例子中从少于 1 000 到多于 16 000 之间的差别非常大。另一方面，只有当具体的某个模型"错误"时，样本量的影响才会显示出有问题。换句话说，大部分对于样本量影响的探讨是建立在错误的或者不准确的模型分类基础上的（Wong，2003a）。在这种情况下，任何"正确"模型中的微小偏离都会被大规模的样本量放大。如果没有认真考虑可供选择的竞争模型，任何对常用模型选择标准不加以区分地使用，如 BIC 统计值，都非常可能导致接受"错误"的模型（Weakliem，1999）。

　　为了能够进一步解释关联模型的潜在使用价值，本章将提供两种应用的方式。第一种是要解决行变量和/或列变量的某些类别是否可以合并的问题。这个重要的问题已经被古德曼（Goodman，1981c）详细地解释了，但是现在的讨论已经扩大到包括 RC（M）关联模型来为同一个主题提供另外的见解。接下来的发现进一步揭示出研究者需要密切关注聚集性问题的另一面,并且要求研究者认真考虑与不正确聚集的后果相关的潜在问题。当应用不正确时,研究者可能会不自觉地曲解基本的关联模式(Wong,2003b)。第二种阐述了把 RC 关联模型作为最佳量度工具的潜在使用价值(相关讨论见 Rosmalen,Koning & Groenen,2009)。相似的主题已经在 RC 关联模型使用之前在双向表中阐述过了(Kateri & Iliopoulos,2004;Smith & Garnier,1987)。通过偏对数乘积关联模型,现在这个主题已经扩展到三向表(并且可能是高阶表格),从而在方法和理论上获得了更加可信和有效的水平。"合理"水平的建立可以被用在接下来的多元变量分析中。

第 1 节 │ 例 5.1：决定某些类别是否可以合并的关联模型

第一个例子（表 5.1）来自格特曼（Guttman，1971），这张表交互展示了 1 554 个成年以色列人的"主要忧虑"和他们的生存环境。在一些案例中，显示的是他们父亲的情况。这个案例已经通过对应分析的方法进行了相当深入的分析（Greenacre，1988）。行变量测量个体的主要忧虑（WOR）并且总结出了 8 点：(1) 政治环境（POL）；(2) 军事环境（MIL）；(3) 经济环境（ECO）；(4) 应征入伍亲属（ENR）；(5) 阴谋破坏

表 5.1 成年以色列人的主要忧虑和生存环境

主要忧虑	生存环境				
	EUAM	IFEA	ASAF	IFAA	IFI
政治环境（POL）	118	28	32	6	7
军事环境（MIL）	218	28	97	12	14
经济环境（ECO）	11	2	4	1	1
应征入伍亲属（ENR）	104	22	61	8	5
阴谋破坏（SAB）	117	24	70	9	7
多重忧虑（MTO）	42	6	20	2	0
个人经济状况（PER）	48	16	104	14	9
其他忧虑（OTH）	128	52	81	14	12

注：样本总数为 1 554。
资料来源：Guttman，1971。

(SAB)；(6)多重忧虑(MTO)；(7)个人经济状况(PER)；(8)其他忧虑(OTH)。列变量测量个体的生存环境并且总结出五点：(1)住在欧洲或美国(EUAM)；(2)住在以色列，父亲住在欧洲或美国(IFEA)；(3)住在亚洲或非洲(ASAF)；(4)住在以色列，父亲住在亚洲或非洲(IFAA)；(5)住在以色列，父亲也住在以色列(IFI)。

为了符合分析，我们常用标准相关和古德曼的 RC(M) 关联模型来分析表格(Gilula，1986；Gilula & Haberman，1988)。因为关联模型、对应分析和标准相关有着密切关系(Goodman，1985；Greenacre，1984)，所以这 3 种类型的分析差异不是很大。我们潜在的目标是弄清楚某些行类别和/或列类别是否可以合并，从而得到对这些基本关联情况更简单的理解。换句话说，我们感兴趣的是探究一些行和/或列是否具有相似的倾向。当然，行类别和/或列类别是否可以合并以及哪个行类别和/或列类别可以合并是一个经验上的问题，尤其是当这些类别在现有的例子中无法轻易地形成简单有序的排列时。

表 5.2(a)提供了一系列的统计模型用来理解主要忧虑与生存环境的关联。自变量模型有 28 个自由度，121.5 的 L^2，还有近 10% 的个案被错误地分配在模型里。另一方面，第一维度的 RC 关联模型 RC(1)提供了一个巨大的进步。这个模型有 18 个自由度，29.2 的 L^2，这表明，似然比卡方统计值大约减少了 76% 并且仅仅在 0.05 的水平上显著。因为这个模型在统计上可被接受，所以读者可以尝试在行与列数值上添加平等性约束，从而获得更加精简的结果，虽然存在统计不显著的情况。

表 5.2　主要忧虑的分析例子

模型描述					
（a）初始表格	df	L^2	BIC	Δ	p
1. 独立模型	28	121.47	−84.29	9.84	0.000
2. RC(1)模型	18	29.19	−103.08	4.01	0.046
3. 带有平等性约束 MIL = ECO = MTO，ENR = SAB = OTH 和 ASAF = IFAA 的 RC(1)模型	23	29.61	−139.41	4.08	0.161
4. 带有平等性约束 MIL = ECO = MTO = ENR = SAB = OTH 和 ASAF = IFAA 的 RC(1)模型	24	34.51	−141.85	4.80	0.076
5. RC(2)模型	10	6.81	−66.68	0.87	0.743
6. 在两个维度上均带有平等性约束 ECO = MTO = MIL = ENR = SAB 和 ASAF = IFAA 的 RC(2)模型	20	13.66	−133.31	2.82	0.847

（b）关联分析	对比	L^2	df	比率
第一维度	(1)—(2)	92.28	10	75.97%
第二维度	(2)—(5)	22.38	8	18.42%
第三或更高维度	(5)	6.81	10	5.61%
总计	(1)	121.47	28	

（c）压缩表格	df	L^2	BIC	Δ	p
1. (3)中的独立模型	9	105.10	38.59	8.87	0.000
2. (3)中的 RC(1)模型	4	12.87	−16.52	2.66	0.012
3. (6)中的独立模型	9	108.13	41.99	9.50	0.000
4. (6)中的 RC(2)模型	1	0.33	−7.02	0.22	0.566

注：详情见下文。

这可以从第三行和第四行的模型中获得。第三个模型在估计行数值上加入了以下平等性约束：MIL = ECO = MTO 和 ENR=SAR=OTH，并且在估计行数值上加入了以下平等性约束：ASAF = IFAA，同时，第四个模型加入了一个进一步的约束，使以上的所有行数值都相等（如 MIL＝ECO＝

MTO＝ENR＝SAR＝OTH)。 相对于模型 2，模型 3 获得的 5 个自由度并没有引发拟合优度统计值的任何显著下降。然而，所有六个行数值的进一步平等性约束可以被否定(1 个自由度，L^2 等于 4.9)。当其他一切都保持一致时，第三个模型似乎是一个完美的模型，因为它在统计上并不显著(p 为 0.16)，并且拥有大量的负 BIC 统计值。但是，这样的结论可能站不住脚。

第五个模型将对数乘积 RC 模型的维度增加到两个，结果令人满意(有 10 个自由度，L^2 为 6.8，p 为 0.74)。

在我们对行和/或列类别加入相似的平等性约束之前，我们可能会想比较不同模型的似然比检验统计值。表 5.2(b) 为关联分析提供了分割统计值(ANOAS)。第一维度分析了总关联的大约 76％，第二维度分析了此外的 18.4％，余下的 5.6％留给了第三或更高的维度来分析。分割的结果清晰地指出，更复杂的公式 RC(2) 应该比其更简单的公式 RC(1) 更具优势。注意，RC(2) 模型中两个跨维交互的约束 $\left(\sum_{i=1}^{I} \mu_{i1} \mu_{i2} = \sum_{j=1}^{J} \nu_{j1} \nu_{j2} = 0 \right)$ 是为了达到集中和尺度约束的范围，从而唯一地确定所有行数值和列数值的参数。

通过检验收敛的估计值，第六个模型在两个维度中都加入了以下平等性约束：ECO＝MTO＝MIL＝ENR＝SAB；ASAF＝IFAA。注意，这些约束与列在第三行中的约束是不一样的。在获得 10 个自由度的情况下，模型拟合程度的下降是细微且不显著的(L^2 为 6.8，p 为 0.74)。 换句话说，受限 RC(2) 模型是一个最终的首选模型，即便它没有最大的负 BIC 统计值。因为在两个维度中都加入了平等性约束，所以最初的 8×5 表在 RC(2) 中可以简化为一个新的 4×4 聚集表。当这张表与另外一个来自受限 RC(1) 模型的 4×4 聚集表比较时，它有不同的单元格频率。

表格 5.2(c) 检验了在统计模型中采用错误的聚集表所产生的后果。基于从约束的 RC(1) 模型中得到的新的聚集表，自变量模型有 9 个自由度，L^2 是 105。它显示出现有模型和表 5.2(a) 中的模型 1 之间的卡方检验差异是非常小并且可以接受的（19 个自由度，L^2 为 16.4）。然而，表 5.2(c) 第二行的 RC(1) 模型耗掉了 4 个自由度却只得到 13 个 L^2，在 0.05 信任水平上将被拒。另一方面，从约束的 RC(2) 模型中得到的聚集表中的结果非常不同。当两个独立模型拟合度的恶化未达到统计显著性时，表 5.2(c) 第 4 行的 RC(2) 模型提供了令人满意的结果。

如古德曼（Goodman，1981c）所言，有约束的 RC(2) 模型的一个主要优点是，它既满足了单一性，也满足了结构性的标准，从而决定了某些类别是否应该合并。这种基于模型的研究为经验研究者如何在保全关联内在结构的同时最小化总体关联的损失提供了重要的指引。事实上，先前的研究已经指出，不合适或不准确的类别集合会导致变量之间对关联扭曲的或错误的理解（Hou & Myles，2008；Wong，2003b）。一旦不正确的集合将曲解带入并且影响接下来的分析，除非有好的原因能解释为什么某些类别可以合并，否则应该采用最佳策略，通过关联模型或者其他统计模型来理解。

表 5.3 展示的是受限 RC(1) 和 RC(2) 模型的参数估计值。由于 R 中 *gnm* 模块的当前限制，渐进标准误只有从 RC(1) 模型中获得。对于 RC(2) 模型，取而代之的是自举标准误。此外，图 5.1 和图 5.2 还提供了受限 RC(2) 模型中行和列估计

数值的图像[表 5.2(a)的第 5 行]。这些图表将帮助我们决定哪些行和/或列类别最有可能有相等的分数,从而可以合并(Clogg & Shihadeh,1994:92),关键是确定行类别组或列类别组。从图 5.1 中可以明显看出,主要忧虑的以下类别在第一维度中(MTO、MIL、SAB、ENR、ECO 和 OTH)有着相似的行估计值。另一方面,第二维度中其他忧虑(OTH)的估计数值与其他五个类别相距甚远,因此不应该与它们合并在一起。

表 5.3 主要忧虑例子中经由选择的参数估计值

描　述	参数估计值		
	(1) 在 MIL = ECO = MTO,ENR = SAB = OTH 和 ASAF = IFAA 条件下的 RC(1)模型	(2) 在两个维度均有 ECO = MTO = MIL = ENR = SAB 和 ASAF = IFAA 的 RC(2)模型	
	第一维度	第一维度	第二维度
ϕ_m	1.357	1.360	0.703
	(0.510)	(0.181)	(0.173)
μ_{im}　POL	−0.427	−0.549	−0.319
	(0.094)	(0.145)	(0.257)
MIL	−0.173	−0.037	0.255
	(0.047)	(0.055)	(0.035)
ECO	−0.173	−0.037	0.255
	(0.047)	(0.055)	(0.035)
ENR	0.032	−0.037	0.255
	(0.046)	(0.055)	(0.035)
SAB	0.032	−0.037	0.255
	(0.046)	(0.055)	(0.035)
MTO	−0.173	−0.037	0.255
	(0.047)	(0.055)	(0.035)
PER	0.851	0.827	−0.236
	(0.040)	(0.117)	(0.254)

续表

描　　述	参数估计值		
	(1) 在 MIL＝ECO＝MTO，ENR＝SAB＝OTH 和 ASAF＝IFAA 条件下的 RC(1)模型	(2) 在两个维度均有 ECO＝MTO＝MIL＝ENR＝SAB 和 ASAF＝IFAA 的 RC(2)模型	
	第一维度	第一维度	第二维度
OTH	0.032	−0.093	−0.720
	(0.046)	(0.148)	(0.145)
ν_{jm}　EUAM	−0.699	−0.622	0.642
	(0.088)	(0.147)	(0.163)
IFEA	−0.295	−0.400	−0.676
	(0.138)	(0.169)	(0.173)
ASAF	0.457	0.473	0.159
	(0.068)	(0.099)	(0.137)
IFAA	0.457	0.473	0.159
	(0.068)	(0.099)	(0.137)
IFI	0.080	0.075	−0.284
	(0.223)	(0.237)	(0.294)

注:括号中的数值为列(1)中的渐进标准误和列(2)中的自举标准误。

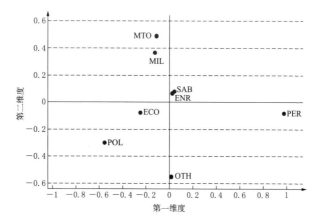

图 5.1　主要忧虑的估计数值

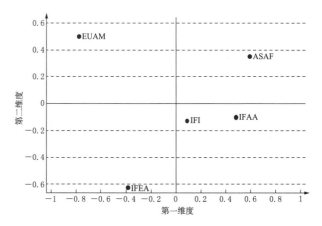

图 5.2　生存环境的估计数值

　　同样,生存环境的列估计值指出,无论是 IFI 和 IFAA 还是 ASAF 和 IFAA,都形成了它们自己的集合。要想明白为什么后者而不是前者形成了正确的集合,我们必须回顾每一个 $\hat{\phi}_m$ 值的大小对不同轴上的变量的影响。如果 $\hat{\phi}_m$ 值很大,那么横轴上的值会随之增大;如果 $\hat{\phi}_m$ 值很小,那么纵轴上将几乎没有变量分布(Clogg & Shihadeh,1994:99)。尽管在 IFIA 和 IFAA 之间的行估计值在第二维度上是相似的,但是它们在第一维度上的差别很大。另一方面,当 IFIA 和 ASAF 之间的行估计值在第二维度上不相似时,相对较小的 $\hat{\phi}_m$ 值意味着,当加入平等性约束时,整体的影响将相应变小。

第 2 节 │ 例 5.2:使用关联模型作为量度工具

尽管很多社会科学的应用自然会包括不同类别的变量，但是研究者常常会把它们转化为连续型测量，这样，它们就可以被更加轻易地应用于其他复杂的多变量模型中。这会带来实践上的两难，因为我们不知道是什么构成了这些变量的最优数值分布。在这个部分，我们利用从偏对数乘积模型中得到的行、列和层的估计数值的"外在的"或"依外在情况而变的"排序特性来获取"理想的"数值。需要强调的是，对标准变量（从这里可获得外在排序）的选择是至关重要的，因为采用不同的标准变量将导致不同的排序情况。这些被选择的变量应当是建立在扎实的理论和先前的实践基础上的。下面的例子还通过运用以上的变量来拓展现有的文献，从而产生更加令人信服的尺度（Clogg & Shihadeh，1994；Smith & Garnier，1987）。

使用两个或两个以上的标准变量来获得另一个变量的尺度，并不是一个全新的想法（Duncan，1982，1984）。在职业所反映的社会经济地位的案例中，Nam-Powers 社会经济地位分数来自在职者的收入和从详细的职业头衔中得出的教育资历独立排序的简单平均值（Nam & Powers，1983）。

这种算法的主要问题是,测量值的获得不是建立在模型的基础上,因此并不足以最大化其中涉及的关系。邓肯所做的一个杰出的研究(Duncan,1961)建立了一个在模型基础上的方法,使用在职者的收入来预测职业声望并进一步解释作为社会经济地位分数的预测值。尽管这种方法很流行,但是争议依然存在:这些生成的分数可以被解释为地位、声望吗?还是都不可以(Nakao,1992)? 另一方面,克洛格和希哈达(Clogg & Shihadeh,1994)暗示过,在关联模型的框架里产生以模型为基础的量是可能的。然而,通过使用每一个标准变量(教育和收入)来划分个体的职业,然后对两个分数取平均值的方法是次优的。他们还暗示,同时获得理想的分数是可能的,虽然是使用存在细微差别的模型。在这里,我们并不打算进一步讨论这个话题。在接下来的例子中,我们将解释这个任务在先前提到的偏关联框架中是如何轻易实现的。

通过使用从综合公用事业宏观数据系列中得到的 1980 年普查数据的 1％样本(Ruggles et al.,2004),第二个例子对 20 岁到 64 岁的男性和女性这两个职业群体的教育和收入情况制作交互表格(见表 5.4)。职业是行变量,有 12 个主要群体:(1)专业人士;(2)管理人士;(3)销售者;(4)神职人员;(5)工匠;(6)技工;(7)交通协管员;(8)工人;(9)农厂主;(10)农场工人;(11)服务工人;(12)家庭工人。教育是列变量,有 4 个类别:(1)高中以下;(2)高中;(3)大学;(4)大学以上。最后,职业收入作为层变量,有 4 个类别:(1)少于 1 000 美元;(2)1 000 美元至 5 999 美元;(3)6 000 美元至 9 999 美元;(4)10 000 美元或以上。为了方便操作,以下的分析并没有把男性和女性分开,而是分析总体的劳动力从而得出一个关于总体劳动力的单独的社会经济地位聚合指数(TSEI)。因此,以下的分析是建立在一个三向表(12×4×4)上的,它包括 819 798 个个体。需要强调的是,如有必要,这样的分析可以很容易地拓展为包括更多详细的职业名称的四向或者多向分类表。

表 5.4　教育与收入关系下的职业情况(样本来自 1980 年普查数据的 1%)

20 岁至 64 岁的男性和女性	高中以下				高中			
	少于 1 000 美元	1 000 美元至 5 999 美元	6 000 美元至 9 999 美元	多于 10 000 美元	少于 1 000 美元	1 000 美元至 5 999 美元	6 000 美元至 9 999 美元	多于 10 000 美元
专业人士	1 096	1 847	1 255	925	3 321	6 123	6 830	5 524
管理人士	1 541	3 134	3 145	3 300	1 915	4 429	7 035	9 421
销售者	4 183	5 139	1 857	1 272	8 080	8 586	4 788	4 294
神职人员	6 033	9 211	5 046	1 058	28 130	44 589	20 074	3 408
工匠	4 354	13 430	18 670	9 821	2 250	9 075	18 286	14 358
技工	14 587	31 470	16 390	3 751	8 242	17 532	12 825	3 956
交通协管员	1 517	5 820	6 197	2 372	721	2 909	4 141	2 070
工人	3 581	9 268	5 463	1 007	1 341	3 808	3 163	815
农厂主	1 454	3 109	1 055	888	563	1 909	1 018	1 051
农场工人	3 237	3 851	377	102	731	858	247	84
服务工人	14 882	22 182	5 363	1 136	11 650	15 818	5 524	2 122
家庭工人	6 033	3 475	63	18	1 603	1 005	30	16

20 岁至 64 岁的男性和女性	大学				大学以上			
	少于 1 000 美元	1 000 美元至 5 999 美元	6 000 美元至 9 999 美元	多于 10 000 美元	少于 1 000 美元	1 000 美元至 5 999 美元	6 000 美元至 9 999 美元	多于 10 000 美元
专业人士	5 968	8 783	7 701	6 483	8 733	14 329	19 386	28 143
管理人士	1 011	2 162	3 536	6 649	697	1 299	2 362	10 796
销售者	3 214	3 621	2 485	3 177	793	1 134	1 292	3 597
神职人员	11 532	16 837	6 975	1 839	2 563	2 995	2 060	1 600
工匠	1 009	2 719	3 521	3 409	296	503	626	1 273
技工	1 586	3 025	1 726	668	245	415	238	218

续表

20 岁至 64 岁的男性和女性	大学				大学以上			
	少于 1 000 美元	1 000 美元至 5 999 美元	6 000 美元至 9 999 美元	多于 10 000 美元	少于 1 000 美元	1 000 美元至 5 999 美元	6 000 美元至 9 999 美元	多于 10 000 美元
交通协管员	387	941	564	316	86	138	79	48
工人	994	1 988	542	145	158	259	101	56
农厂主	171	409	223	245	65	172	99	174
农场工人	293	290	67	31	32	63	18	30
服务工人	4 288	4 916	1 452	766	616	794	347	300
家庭工人	370	186	3	4	67	37	5	2

表 5.5 总结了一系列应用于三向表的统计模型。第一个是得出了极差结果的完全独立模型(有 174 个自由度,L^2 等于 586 906),这表明三个变量之间有某种依存的关系。第二个模型在教育和收入之间假定了条件独立性(当职业受到控制时)。如果该模型的拟合是令人满意的,它将符合在多数分层文献中提到的简单马尔科夫因果链,即教育→职业→收入。尽管模型(第 2 行)有了显著的改善,但考虑到完全独立性上存在略大于 95% 的偏离,模型的相对拟合度仍然不能令人满意。另一方面,这个模型在教育、职业和收入(第 3 行)之间具有所有的二维交互项,考虑到获得了关联程度额外的 3.6%(有 99 个自由度,L^2 等于 6 540),因此这个模型提供了一个更好地拟合其中关系的近似值。

剩下的模型(第 4 行至第 8 行)尝试把不同的偏关联参数分解到对数乘积要素中。例如,模型 4 分解了职业-教育和职业-收入的偏关联,模型 5 则进一步加入了约束,使职业的估计值在两个偏关联中是一样的。根据传统的标准,两个模型的擬合優度並不令人滿意。模型 6 將全部偏關聯項分解成對數乘積要素,模型 7 只加入了等量行(職業的)數值,模型 8 加入了等量行、列和層數值。在傳統的標準下,沒有一個模型的擬合優度是令人滿意的,但是與其他模型相比,模型 7 是比較令人滿意的。儘管它可能會增加三個偏關聯參數的維數,但是它不會在這裡進行,因為我們的目的是提取職業、教育和收入之間最大化的線性關係。

模型 5、模型 7、模型 8 中的行(職業的)估計值在表 5.6(a)中,它們分別是 TSEI1、TSEI2 和 TSEI3。由於估計數值被標準化了,所以通過為它們的平均值和標準差分配特定值,它們可以被輕易地轉化為類似 SEI 的測量值。與我們對職業排名的常識相符的是,專業人士和管理者顯然排在最高的社會經濟地位上,農場工人和家庭工人則排在最底層。

表 5.5　通過教育和收入縮放職業的關聯模型(1970 年)

模型描述	df	L^2	BIC	Δ	p
1. 完全獨立	174	586 906.22	584 536.90	3.85	0.000
2. 條件獨立	108	27 957.40	26 846.78	6.00	0.000
3. 完全二元交互	99	6 540.40	5 192.33	2.64	0.000
4. RC(1) + RL(1)偏關聯	148	70 860.99	68 845.70	11.17	0.000
5. 帶有單一性行(職業)數值的 RC(1) + RL(1)偏關聯	158	185 518.25	183 363.80	18.27	0.000
6. RC(1) + RL(1) + CL(1)偏關聯	143	42 101.44	40 154.24	8.27	0.000
7. 帶有單一性行(職業)數值的 RC(1) + RL(1) + CL(1)偏關聯	153	174 073.13	171 989.76	17.80	0.000
8. 帶有單一性行、列和層數值的 RC(1)+RL(1)+CL(1)偏關聯	157	177 264.57	175 126.73	17.76	0.000

註:總體樣本規模是 819 798。

表 5.6 缩放职业中关联模型的选择参数估计

描　　述	职业估计值		
	RC(1) + RL(1)[a]	RC(1) + RL(1) + CL(1)[b]	RC(1) + RL(1) + CL(1)[c]
(a) 职业数值			
	TSEI1	TSEI2	TSEI3
专业人士	0.548	0.569	0.575
管理人士	0.388	0.379	0.385
销售者	0.217	0.223	0.231
神职人员	0.144	0.171	0.175
工匠	0.086	0.055	0.046
技术工人	−0.158	−0.164	−0.176
交通协管员	−0.050	−0.079	−0.097
工人	−0.141	−0.145	−0.160
农厂主	−0.024	−0.043	−0.045
农场工人	−0.399	−0.390	−0.388
服务工人	−0.105	−0.092	−0.090
家庭工人	−0.506	−0.484	−0.457

(b) TSEI 分数、职业声望和社会经济地位之间的相关性

	SEI	PRESTIGE	TSEI1	TSEI2	TSEI3
SEI	1.000				
PRESTIGE	0.880	1.000			
TSEI1	0.925	0.913	1.000		
TSEI2	0.938	0.910	0.998	1.000	
TSEI3	0.946	0.913	0.995	0.999	1.000

注：刀切法标准误在这里没有显示，因为它们都非常小（＜0.001）。此外，
R = 职业，C = 教育，L = 收入。
a. RC(1) + RL(1) 与行约束一致（职业）。
b. RC(1) + RL(1) + CL(1) 与行约束一致（职业）。
c. RC(1) + RL(1) + CL(1) 与行、列及层变量上的约束一致。

表 5.6(b) 同时通过加权的邓肯 SEI 和 NORC 的职业声望对三个测量值进行了交互相关分析。在 0.995 或者更高的交互相关水平下，这三个 TSEI 测量值几乎没有区别。当然，

这并不代表它们没有细微的差别。尽管 12 个主要职业群体的排序非常稳定，但是交通协管员和服务工人的相对位置在不同的排名下会有些许变化。

有意思的是，我们可以看到 SEI 与声望之间的关联程度很低(0.88)，这个发现与职业的社会经济特性的"易错"估计相一致(Featherman & Hauser，1976：405)。在这个发现下，也许这三个衍生的 TSEI 测量值与邓肯的 SEI 的相关程度高于与职业声望的相关程度并不令人惊讶。它们与邓肯的 SEI 具有相当高的相关程度(大于 0.92)暗示了，这三个衍生的 TSEI 测量值分享了作为社会经济地位测量值表面上和结构上的效度。事实上，当一切保持相等时，相对于 SEI，我们首选当前的测量值，因为 SEI 作为源于声望的职业地位测量，存在解释上的模糊性。另一方面，TSEI 分数是纯粹建立在社会经济基础上的职业地位的测量值。这个方法与最初的支持者和使用者的意图完全一致(要了解稍微不同的建构方法，请参阅 Ganzeboom，de Graaf & Treiman，1992；Ganzeboom & Treiman，1996)。这个技术已经被成功地运用在创造香港本土的 SEI 分数上(Wong & Wu，2006)。此外，研究者发现，这个构建的测量值比另外两个国际测量值——国际标准职业声望分数(SIOPS)和国际社会经济指标(ISEI)——有更好的效果。

第**6**章

结　论

本书的目标是向读者提供一个关于不同关联模型的系统的、连贯的且具教导性的介绍。在过去的 20 多年里,这些模型由众多学者发展而来,其中,古德曼是最著名的开创性研究者,后来的克洛格和邓肯都有贡献。本书详细讲解了双向表中的对数线性、对数乘积、混合和多维度关联模型以及它们之间的关系,并在随后的章节中扩展至对三向及多向交互表的分析。当三维交互项并不有趣和必要时,我们引入了一系列统计模型用以分解部分或所有的二维交互参数。然而,二维和三维(或者高阶)交互项可以在条件关联模型中被分解。通过大量的实例,读者可以更好地认识这些关联模型的解释力和灵活性。

应该强调的是,在理解交互表形式下一组类型变量之间的关系时,用以分析二维或高阶交互表的 RC(M) 及其相关的关联模型仅提供了一种特别的统计模型。其他更精巧的统计模型同样可以提供具有竞争性且有时更好的理解,这在实证研究中不应该被忽略。建模的策略无非是通过建构具有竞争性的、可选择的模型,以便我们获得关于变量之间复杂关系的富有洞见的理解。然而,读者可能会冒险选择一个不正确模型,进而系统地扭曲基本的关系模式。另外,如果拟合优度统计值是令人满意的,我们就可以发现,关联模型家族是具有解释力和多种用途的模型,它们可以帮助我们提高解释力度。事实上,越复杂的关系,特别是在三向表和多向表中,具有偏同质性或者异质性约束的多维 RC(M)—L 关联模型越可能提供更简单和具有解释力的结果。唯一的问题是,我们需要谨慎对待添加所有、部分或者不添加跨维交互约束,并且恰当地计算特定模型自由度的行为。

两种实践应用的例子进一步证明,RC 类型的关联模型在一般的社会科学研究中具有广泛的应用前景。事实上,类似 RC 类型的关联模型已经被开发出来,用于潜在结构分析(Anderson,2002;Anderson & Vermunt,2000;Vermunt,2001)和试题反应模型(Anderson & Yu,2007)。并且,众所周知的是,RC 类型的关联模型与对应分析和传统相关分析是密切相关的(Goodman,1984,1986)。最近,德罗伊(de Rooij,2008)等学者论证道,在正方形表格中,当行与列类别一一对应时,RC(M)关联模型可以重新参数化为二模型间距离关联模型,而这两个模型会生成相同的检验统计值和期望频率。

在社会科学应用中,经常出现通过加入动态质量和动态位置假设来处理非对称关联的情况,这时,广义的重力模型牛顿法则可以重新参数化为 RC(M)关联模型(de Rooij,2008)。在使用内积法则时,古德曼的 RC(M)关联模型中的参数 im 和 jm 可以被理解为组内间距。在广义重力模型的例子中,相应的距离参数 $zi1m$ 和 $zi2m$ 可以被理解为组间距离。只有后者才可以提供关于距离测量的恰当解释,并且,两组动态质量和动态位置参数均可以在一张图表中呈现出来,这样有助于视觉理解(de Rooij & Heiser,2005)。

在特定的环境下,我们发现,广义重力模型与本书介绍的偏关联和条件关联模型是相关的。自然科学和社会科学公式之间的紧密关系肯定是一个有趣的发展。尽管存在与自然科学的相似性,将质量和距离形式的解释作为一种隐喻毕竟是超乎社会现实的。将关联参数原来的差异视为关联的趋势和水平,这在解释上可能更为宽泛。尽管如此,我们希望读者现在开始信任并且欣赏关联模型,因为它可以提供一种富有解释力且灵活的方法,用以理解一组类型变量之间的复杂关系。

注释

[1] 在确定 ϕ 的符号时存在任意性,因为乘积($\phi\mu_i\nu_j$)才是唯一被确定的。为了降低模糊性和便于自举标准误的计算,内在关联系数(ϕ)被定义为正值,但估计的行数值(μ_i)与列数值(ν_j)也会相应改变。

[2] 例如,除了 RC 要素之外,有学者(Kateri, Ahmad & Papaioannou, 1998)通过使用正交多项式表述一系列多维的 U、R、C 和 R+C 参数。

[3] 德罗伊和海泽(de Rooij & Heiser, 2005)提醒我们注意对那些对称正态化数值,如在纯数学上的"距离"的(不当)解释,因为它们表示的是数量积之间的距离,而不是数值之间的距离。

[4] CDAS 可通过个人向斯科特·伊莱亚森(Scott Eliason)索取。ℓ_{EM} 可以从网站 www.uvt.nl/faculteiten/fsw/organisatie/departementen/mto/software2.html 上下载。R 是一款免费的统计软件,可以从 www.r-project.org/ 上下载。但 CDAS 只能在模仿 DOS 环境下运作,ℓ_{EM} 则可在 DOS 和 Windows 环境下运作,而 R 是唯一一个可同时在 UNIX、Windows 和 MacOS 环境中进行操作的统计软件。同样,读者可能对 Latent Gold 感兴趣(Vermunt & Magidson, 2005),这是一款流行的商业统计软件,用以估计潜在类别和其他有限混合模型,它将对数乘积关联模型当做潜在变量模型。

[5] 读者可以在网站 https://webspace.utexas.edu/dpowers/www/ 中参考计算例子。同样,由哈伯曼(Haberman, 1995)编写的 DASSOC 程序可以直接从 STATLIB 的网站上(http://lib.stat.cmu.edu/general/)下载。

[6] 如同 ℓ_{EM},当前的 gnm 模块并没具备添加跨元交互约束的功能,并且我们不可能获得对数增量参数的渐进标准误。因此,对于要求跨元交互约束的模型而言,我们转而采用自举或者刀切法标准误。

[7] 如果我们可以将模型 M_1、M_2、M_3 写成 $M_1 \subset M_2 \subset M_3$,那么,这三个模型便是嵌套的。然而,如果它们之间只是部分重叠,并且它们不能彼此包含,那么,这三个模型便是非嵌套的。非嵌套模型在检验统计值上的差异并不具备适当的卡方诠释,反而会涉及非嵌套卡方检验(Weakliem, 1992)。

[8] 亨利(Henry, 1981)报告了一个不同的计算刀切法标准误的公式。他对方差的计算包括一个小的修正因子 $(N-1)/N$,这里的 N 表示样本量。对于大多数的实践而言,当 N 很大时,这一差异应该会很小。

[9] 例如,适用于一些对数线性模型(如 U、R、C 和 R+C)的刀切法标准

误要比它们从 GLIM 和 R 计算得到的渐进标准误稍大。

[10] 如果这个模型是真实的，那么 L^2/df 比率应该非常接近 1。然而，对于一些实证从业者而言，小于 2 的比率也是可以接受的。

[11] 如果我们转而采用 $\sum \tau_j^B = 0$ 正态化方法，那么，列效应参数便分别等于 -0.337、-0.058、0.147 和 0.249，而且它们相应的渐进标准误分别为 0.044、0.024、0.026 和 0.048。

[12] 我们可以考虑两种过度拟合数据的设定情况。然而，正如笔者（Wong，2001）所举的例子，RC(2)模型可以很好地拟合白人和黑人的男性和女性。更重要的是，当同一模型作为条件 RC(2)模型同时应用到四个组别中时，可能会生成有着进一步约束的更简单的模型，这样会产生高度可解释的结果。第 4 章会更深入地讨论这一方法。

[13] RC(2)模型的渐进标准误可以从 DASSOC 程序中直接获得（Haberman，1995）。这是因为，R 中当前的 *gnm* 模块没有添加适当的跨元交互约束，因此不能直接使用。我们同样可以计算自举标准误（使用超过 50 000 个重复样本），而会发现它们与渐进标准误具有高度可比性，尽管它们的值常常很大。这同样适用于刀切法标准误。

[14] 如果行与列按照以下方式排序，即对于所有 i 和 j，都有优比 $\theta_{ij} \geqslant 1$，那么，这一分布就被定义为"等向性"（深入的讨论请见 Yule，1906；Goodman，1981b）。

[15] 方程 4.20 中的层间差异的比率同样适用于对数线性和对数增量层效应模型。例如，LL_1 和 LL_2 的层间比率分别为 $[(\beta_k - \beta_{k'})]/[(\beta_k - \beta_{k'})]$ 和 $[(\phi_k - \phi_{k'})]/[(\phi_k - \phi_{k'})]$。

[16] 关于应用于多表格的一致性关联模型，请见豪特及其他学者的著作（Hout，1984；Ishii-Kuntz，1991）。

[17] 在同一组参数下的平等性约束并不难理解，如 $\mu_3 = \mu_4$ 和 $\nu_2 = \nu_5$。后一约束表述为"平等"而不是"同质"。

[18] 作者感谢杰罗恩·沃蒙特（Jeroen Vermunt）在个人交流中与自己分享的关于这些类型模型跨元交互约束所存在的潜在误区及解决方法。

[19] CP 分解方法的实践应用有时会被称为"CP 解决方法的简并序列的出现"而变得复杂。当这些情况出现时，CP 运算法则的收敛会变得相当慢（如在 ℓ_{EM} 中超过 200 000 次迭代），并且在 CP 运算过程中，CP 解决方法的一些要素会越发相关（Stegeman，2007）。CP 的简并序列解决方法的出现是由于 CP 的目标函数没有最小值，而且无限大，因此，CP 解决方法的序列无法收敛并且呈现简化的模式（Kruskal，Harshman & Lundy，1989）。通过对要素矩阵添加正交性约束，可以避免 CP 解决方法的简并序列（Harshman & Lundy，1984）。当然，这将导致模型拟

合值的损失，而且模型自由度需要进行相应的调整（Stegeman，2007：603）。

[20] 另一方面，这些混合模型对于一些社会科学学者而言是具有吸引力的，因为它们不需要考虑跨元交互约束和特定模型关于自由度的正确计算。

[21] 根据山口一男（Yamaguchi，1998：241）的研究，模型 12 中的条件对数优比可以表示为古德曼和豪特的类回归层效应模型。

[22] 这两个高度参数化模型的渐进、刀切法和自举标准误十分接近，并且均达到了三位数的显著程度。

参考文献

Agresti, A. (1983) "A Survey of Strategies for Modeling Cross-classifications having Ordinal Variables." *Journal of the American Statistical Association 78* : 184—198.

Agresti, A. (1984) *The Analysis of Ordinal Categorical Data*. New York: Wiley.

Agresti, A. (2002) *Categorical Data Analysis*. New York: Wiley.

Agresti, A., and Chuang, C. (1986) "Bayesian and Maximum Likelihood Approaches to Order Restricted Inference for Models with Ordinal Categorical Data," in R. Dykstra and T. Robertson(eds.), *Advances in Ordinal statistical Inference* (pp. 6—27). Berlin, Germany: Springer-Verlag.

Agresti, A., Chuang, C., and Kezouh, A. (1987) "Order-restricted Score Parameters in Association Models for Contingency Tables." *Journal of the American Statistical Association 82* : 619—633.

Agresti, A., and Kezouh, A. (1983) "Association Models for Multidimensional Cross-classifications of Ordinal Variables." *Communication in Statistics*, *Series A 12* : 1261—1276.

Aït-Sidi-Allal, M. L., Baccini, A., and Mondot, A. M. (2004) "A New Algorithm for Estimating the Parameters and Their Asymptotic Covariance in Correlation and Association Models." *Computational Statistics & Data Analysis 45* : 389—421.

Andersen, E. B. (1980) *Discrete Statistical Models with Social Science Applications*. Amsterdam: North-Holland.

Andersen, E. B. (1991) *The Statistical Analysis of Categorical Data*. Berlin, Germany: Springer-Verlag.

Anderson, C. J. (1996) "The Analysis of Three-Way Contingency Tables by Three-mode Association Models." *Psychometrika 61* : 465—483.

Anderson, C. J. (2002) "Analysis of Multivariate Frequency Data by Graphical Models and Generalizations of the Multidimensional Row-column Association Model." *Psychological Methods 7* : 446—467.

Anderson, C. J., and Vermunt, J. (2000) "Log-multiplicative Association Models as Latent Variable Models for Nominal and/or Ordinal Data." *Sociological Methodology 30* : 81—121.

Anderson, C. J., and Yu, J.-T. (2007) "Log-multiplicative Association

Models as Item Response Models." *Psychometrika 72*:5—23.

Bartolucci, F., and Forcina, A.(2002) "Extended RC Association Models Allowing for Order Restrictions and Marginal Modeling." *Journal of the American Statistical Association 97*:1192—1199.

Becker, M. P.(1989a) "Models for the Analysis of Association in Multivariate Contingency Tables." *Journal of the American Statistical Association 84*:1014—1019.

Becker, M.P.(1989b) "On the Bivariate Normal Distribution and Association Models for Ordinal Categorical Data." *Statistics & Probability Letters 8*:435—440.

Becker, M.P.(1990) "Algorithm AS253: Maximum Likelihood Estimation of the RC(M) Association Model." *Applied Statistics 39*:152—167.

Becker, M.P.(1992) "Exploratory Analysis of Association Models Using Loglinear Models and Singular Value Decompositions." *Computational Statistics & Data Analysis 13*:253—267.

Becker, M.P., and Clogg, C.C.(1989) "Analysis of Sets of Two-Way Contingency Tables Using Association Models." *Journal of the American Statistical Association 84*:142—151.

Berkson, J.(1938) "Some Difficulties of the Interpretation Encountered in the Application of the chi-square Test." *Journal of the American Statistical Association 33*:526—542.

Bishop, Y.M.M., Fienberg, S.E., and Holland, P.W.(1975) *Discrete Multivariate Analysis: Theory and Practice*. Cambridge: MIT Press.

Breen, R.(ed.).(2004) *Social Mobility in Europe*. London: Oxford University Press.

Carroll, J.D., and Chang, J.J.(1970) "Analysis of Individual Differences in Multidimensional Scaling via an n-way Generalizations of Eckart-Young Decomposition." *Psychometrika 35*:283—319.

Choulakian, V.(1996) "Generalized Bilinear Models." *Psychometrika 61*: 271—283.

Clogg, C.C.(1982a) "Some Models for the Analysis of Association in Multiway Cross-Classifications having Ordered Categories." *Journal of the American Statistical Association 77*:803—815.

Clogg, C.C.(1982b) "Using Association Models in Sociological Research: Some Examples." *American Journal of Sociology 88*:114—134.

Clogg, C.C., and Rao, C.R.(1991). Comment on "Measures, Models, and

Graphical Displays in the Analysis of Cross-classified Data." *Journal of the American Statistical Association 86* :1118—1120.

Clogg, C.C., Rubin, D.B., Schenker, D., Schultz, B., and Weidman, L. (1991) "Multiple Imputation of Industry and Occupation Codes from Census Public-use Samples using Bayesian Logistic Regression." *Journal of the American Statistical Association 86* :68—78.

Clogg, C.C., and Shihadeh, E.S.(1994) *Statistical Models for Ordinal Variables*. Thousand Oaks, CA: Sage.

Clogg, C.C., Shockey, J.W., and Eliason, S.R.(1990) "A Generalized Statistical Framework for Adjustment of Rates." *Sociological Methods & Research 19* :156—195.

Davis, J.A., Smith, T.W., and Marsden, P.V.(2007) *General Social Surveys, 1972—2006* [Cumulative file] [Computer file]. ICPSR04697-v2. Chicago: National Opinion Research Center [producer], 2007. Storrs, CT: Roper Center for Public Opinion Research, University of Connecticut/Ann Arbor, MI: Inter-university Consortium for Political and Social Research [distributors], 2007-09-10.

de Rooij, M.(2008) "The Analysis of Change, Newton's Law of Gravity and Association Models."*Journal of the Royal Statistical Society, Series A, 171* :137—157.

de Rooij, M., and Hesier, W.J.(2005) "Graphical Representations and Odds Ratios in a Distance-association Model for the Analysis of Cross-classified Data." *Pyschometrika 70* :99—122.

Diaconis, P., and Efron, B.(1985) "Testing for Independence in a Two-way Table: New Interpretations of the Chi-sqaure Statistic (with Discussion)." *Annals of Statistics 13* :845—913.

Duncan, O.D.(1961) "A Socioeconomic Index for All Occupations," in A. Reiss Jr. (ed.), *Occupations and Social Status* (pp. 109—138). New York: Free Press.

Duncan, O.D.(1979) "How Destination Depends on Origin in the Occupational Mobility Table." *American Journal of Sociology 84* :793—803.

Duncan, O. D. (1982) *Rasch Measurement and Sociological Theory*. Hollingshead Lecture, Yale University.

Duncan, O. D. (1984) *Notes on Social Measurement, Historical and Critical*. New York: Russell Sage Foundation.

Efron, B.(1981) "Nonparametric Estimates of Standard Error: The Jackknife, the Bootstrap, and Other Methods." *Biometrkia 68*:589—599.

Efron, B., and Tibshirani, R.(1993) *An introduction to the bootstrap*. New York: Chapman & Hall.

Eliason, S.R.(1990) *The Categorical Data Analysis System*, *Version 3.50*, *User's Manual* [Computer program]. Department of Sociology, University of Iowa. Retrieved.

Erikson, R., and Goldthorpe, J.H.(1992) *The Constant Flux*: *A Study of Class Mobility in industrial societies*. London: Clarendon Press.

Featherman, D.L., and Hauser, R.M.(1976). "Prestige or Socioeconomic Scales in the Study of Occupational Achievements." *Sociological Methods & Research 4*:402—422.

Fienberg, S.S.(1980) *The Analysis of Cross-classified Categorical Data* (2nd ed.). Cambridge: MIT Press.

Fisher, R.A.(1925) *Statistical Methods for Research Workers*(1st ed.). Edinburgh, UK: Oliver & Boyd.

Firth, D., and de Menezes, R.X.(2004). "Quasi-variances."*Biometrika 91*: 65—80.

Francis, B., Green, M., and Payne, C.(1993) *The GLIM System*: *Release 4 Manual*. Oxford, UK: Clarendon Press.

Galindo-Garre, F., and Vermunt, J.K.(2004) "The Order-restricted Association Model: Two Estimation Algorithms and Issues in Testing."*Psychometrika 69*:641—654.

Ganzeboom, H.B.G., de Graaf, P., and Treiman, D.J.(1992) "A Standard International Socioeconomic Index of Occupational Status." *Social Science Research 21*:1—56.

Ganzeboom, H. B. G., and Treiman, D. J. (1996) " Internationally Comparable Measures of Occupational Status for the 1988 International Standard Classification of Occupations." *Social Science Research 25*: 201—239.

Gilula, Z.(1986) "Grouping and Association in Contingency Tables: An Exploratory Canonical Correlation Approach." *Journal of the American Statistical Association 81*:773—779.

Gilula, Z., and Haberman, S.J.(1986) "Canonical Analysis of Contingency Tables by Maximum Likelihood." *The Journal of American Statistical Association 81*:780—788.

Gilula, Z., and Haberman, S.J.(1988) "The Analysis of Multivariate Con-

tingency Tables by Restricted Canonical and Restricted Association Models."
Journal of the American Statistical Association 83: 760—771.

Goodman, L. A. (1972) "A General Model for the Analysis of Surveys."
American Journal of Sociology 77: 1035—1086.

Goodman, L. A. (1974) "Exploratory Latent Structure Analysis Using both
Identifiable and Unidentifiable Models." *Biometrika 61*: 215—231.

Goodman, L. A. (1979a) "Simple Models for the Analysis of Association in
Cross-classifications having Ordered Categories." *Journal of the American Statistical Association 74*: 537—552.

Goodman, L. A. (1979b) "Multiplicative Models for the Analysis of Occupational Mobility Tables and other Kinds of Cross-classification Tables."
American Journal of Sociology 84: 804—819.

Goodman, L. A. (1981a) "Association Models and the Bivariate Normal for
Contingency Tables with Ordered Categories." *Biometrika 68*: 347—355.

Goodman, L. A. (1981b) "Association Models and Canonical Correlation in
the Analysis of Cross-classifications having Ordered Categories."
Journal of the American Statistical Association 75: 320—334.

Goodman, L. A. (1981c) "Criteria for Determining whether Certain
Categories in a Cross-classification Table should be Combined, with
Special Reference to Occupational Categories in an Occupational
Mobility Table." *American Journal of Sociology 87*: 612—650.

Goodman, L. A. (1984) "Some Useful Extensions of the Usual Correspondence Analysis Approach and the Usual Log-linear Models Approach in
the Analysis of Contingency Tables (with Discussions)." *International Statistical Review 54*: 243—270.

Goodman, L. A. (1985) "The Analysis of Cross-classified Data having
Ordered and/or Unordered Categories: Association Models, Correlation
Models, and Asymmetry Models for Contingency Tables with or
without Missing Entries." *Annals of Statistics 13*: 10—69.

Goodman, L. A. (1986) "Some Useful Extensions of the Usual Correspondence Analysis Approach and the Usual Log-linear Models Approach in
the Analysis of Contingency Tables (with Discussion)." *International Statistical Review 54*: 243—270.

Goodman, L. A. (1987). "New Methods for Analyzing the Intrinsic Character
of Qualitative Variables Using Cross-classified Data." *American Journal of Sociology 93*: 529—583.

Goodman, L. A. (1991) "Models, Measures, and Graphical Displays in the Analysis of Contingency Tables (with Discussions)." *Journal of the American Statistical Association 86* : 1085—1138.

Goodman, L. A. (2007) "Statistical Magic and/or Statistical Serendipity: An Age of Progress in the Analysis of Statistical Data." *Annual Review of Sociology 33* : 1—19.

Goodman, L. A., and Hout, M. (1998) "Statistical Methods and Graphical Displays for Analyzing how the Association between Two Qualitative Variables Differ among Countries, among Groups or over Time: A Modified Regression-type Approach," in A. E. Raftery (ed.), *Sociological methodology 1998* (Vol. 28, pp. 175—230). Washington, DC: American Sociological Association.

Goodman, L. A., and Hout, M. (2001) "Statistical Methods and Graphical Displays for Analyzing how the Association between Two Qualitative Variables Differ among Countries, among Groups or over Time. Part II: Some Exploratory Techniques, Simple Models, and Simple Examples," in M. P. Becker (ed.), *Sociological Methodology 2001* (Vol. 31, pp. 189—221). Washington, DC: American Sociological Association.

Greenacre, M. J. (1984). *Theory and Applications of Correspondence Analysis*. New York: Academic Press.

Greenacre, M. J. (1988) "Clustering the Rows and Columns of a Contingency Table." *Journal of Classification 5* : 39—51.

Grusky, D. B., and Hauser, R. M. (1984) "Comparative Social Mobility Revisited: Models of Convergence and Divergence in Sixteen Countries." *American Sociological Review 49* : 19—38.

Guttman, L. (1971) "Measurement as Structural Theory." *Psychometrika 36* : 329—347.

Haberman, S. J. (1978) *Analysis of Qualitative Data* (Vol. 1). New York: Academic Press.

Haberman, S. J. (1979) *Analysis of Qualitative Data* (Vol. 2). New York: Academic Press.

Haberman, S. J. (1981) "Test of Independence in Two-way Contingency Tables Based on Canonical Correlations and on Linear-by-linear Interaction." *Annals of Statistics 9* : 1178—1186.

Haberman, S. J. (1995) "Computation of Maximum Likelihood Estimates in Association Models." *Journal of the American Statistical Association*

90:1438—1446.

Harshman, R.A.(1970) "Foundations of the PARAFAC procedure: Models and Conditions for an 'Exploratroy' Multi-modal Factor Analysis." *UCLA Working Papers in Phonetics 16*:1—84.

Harshman. R.A., and Lundy, M.E.(1984) "Data Preprocessing and the Extended Parafac Model," in H.G.Law, C.W.Synder Jr., J.A.Hattie, and R.P.McDonald(eds.), *Research Methods for Multimode Data Analysis* (pp.216—284). New York: Praeger.

Hauser, R.M.(1978) "A Structural Model of the Mobility Table." *Social Forces 56*:919—953.

Henry, N. (1981) "Jackknifing Measures of Association." *Sociological Methods & Research 10*:233—240.

Hou, F., and Myles, J. (2008) "The Changing Role of Education in the Marriage Market: Assortative Marriage in Canada and the United States since the 1970s." *Canadian Journal of Sociology 32*:337—366.

Hout, M.(1983) *Mobility Tables*. Beverly Hills, CA: Sage.

Hout, M.(1984) "Status, Autonomy, and Training in Occupational Mobility." *American Journal of Sociology 89*:1379—1409.

Hout, M. (1988) "More Universalism, Less Structural Mobility: The American Occupational Structure in the 1980s." *American Journal of Sociology 93*:1358—1400.

Ihaka, R., and Gentleman, R.(1996) "R: A Language for Data Analysis and Graphics." *Journal of Computational and Graphical Statistics 5*: 299—314.

Ishii-Kuntz, M.(1991) "Association Models in Family Research." *Journal of Marriage & the Family 53*:337—348.

Ishii-Kuntz, M.(1994) *Ordinal Log-linear Models*. Thousand Oaks, CA: Sage.

Kateri, M., Ahmad, R., and Papaioannou, T.(1998) "New Features in the Class of Association Models." *Applied Stochastic Models Data Analysis 14*:125—136.

Kateri, M., and Iliopoulos, G. (2004) "On Collapsing Categories in Two-way Contingency Tables." *Statistics: A Journal of Theoretical and Applied Statistics 37*:443—455.

Knoke, D., and Burke, P.J.(1980) *Log-linear Models*. Beverly Hills, CA: Sage.

Kotz, S., and Johnson, N.J. (eds.). (1985) *Encyclopedia of Statistical Sciences*(Vol.6). New York: Wiley.

Kruskal, J.B.(1977) "Three-way Arrays: Rank and Uniqueness of Trilinear Decomposition, with Application to Arithmetic Complexity and Statistics." *Linear Algebra and Its Applications 18*:95—138.

Kruskal, J.B., Harshman, R.A., and Lundy, M.E. (1989) "How 3-mfa Data can Cause Degenerate PARAFAC Solutions, among Other Relationships," in R.Coppi and S.Bolasco(eds.), *Multiway Data Analysis* (pp.115—130). Amsterdam: North Holland.

Martin-Löf, P.(1974) "The Notion of Redundancy and its Use as a Qualitative Measure of the Discrepancy between a Statistical Hypothesis and a set of Observational Data(with Discussion)." *Scandinavian Journal of Statistics 1*:3—18.

Mooney, C.Z., and Duval, R.D.(1993) *Bootstrapping: A nonparametric Approach to Statistical Inference*. Newbury Park, CA: Sage.

Nakao, K.(1992) "Occupations and Stratification: Issues of Measurement." *Contemporary Sociology 21*:658—662.

Nam, C.B., and Powers, M.G.(1983) *The Socioeconomic Approach to Status Measurement: With a Guide to Occupational and Socioeconomic Status Scores*. Houston, TX: Cap & Gown Press.

Pannekoek, J. (1985) "Log-multiplicative Models for Multiway Tables." *Sociological Methods & Research 14*:137—153.

Powers, D.A., and Xie, Y.(2000) *Statistical Methods for Categorical Data Analysis*. San Diego, CA: Academic Press.

Powers, D.A., and Xie, Y.(2008) *Statistical Methods for Categorical Data Analysis*(2nd ed.). Howard House, UK: Emerald.

Raftery, A.E.(1986) "Choosing Models for Cross-classifications." *American Sociological Review 51*:145—146.

Raftery, A.E.(1996) "Bayesian Model Selection in Social Research," in P.V. Marsden(ed.). *Sociological Methodology 1996* (Vol.25, pp.111—163). Washington, DC: American Sociological Association.

Raymo, J.M., and Xie, Y.(2000) "Temporal and Regional Variation in the Strength of Educational Homogamy." *American Sociological Review 65*:773—781.

Ritov, Y., and Gilula, G. (1991) "The Order-restricted RC Model for Ordered Contingency Tables: Estimation and Testing for Fit." *Annals* of Statistics 19:2090—2101.

Rosmalen, J. V., Koning, A. J., and Groenen, P. J. F. (2009) "Optimal Scaling of Interaction Effects in Generalized Linear Models." *Multivariate Behavioral Research* 44:59—81.

Rudas, T. (1997) *Odds Ratios in the Analysis of Contingency Tables.* Thousand Oaks, CA: Sage.

Ruggles, S., Sobek, M., Alexander, T., Fitch, C. A., Goeken, R., Hall, P. K., et al. (2004) *Integrated Public Use Microdata Series: Version 3.0* [Machine-readable database]. Minneapolis: Minnesota Population Center [producer and distributor].

Siciliano, R., and Mooijaart, A. (1997) "Three-factor Association Models for Three-way Contingency Tables." *Computational Statistics & Data Analysis* 24:337—356.

Smith, H. L., and Garnier, M. A. (1987) "Scaling via Models for the Analysis of Association: Social Background and Educational Careers in France," in C.C. Clogg (ed.), *Sociological Methodology 1987* (Vol.17, pp.205—246). Washington, DC: American Sociological Association.

Smits, J., Ultee, W., and Lammers, J. (1998) "Educational Homogamy in 65 Countries: An Explanation of Differences in Openness Using Country-level Explanatory Variables." *American Sociological Review* 63:264—285.

Smits, J., Ultee, W., and Lammers, J. (2000) "More or Less Educational Homogamy? A Test of Different Versions of Modernization Theory Using Cross-temporal Evidence for 60 Countries." *American Sociological Review* 65:781—788.

Stegeman, A. (2007) "Degeneracy in Candecomp/Parafac and Indscal Explained for Several Three-sliced Arrays with a Two-valued Typical Rank." *Psychometrika* 72:601—619.

Tucker, L. R. (1966) "Some Mathematical Notes on Three-mode Factor Analysis." *Psychometrika* 31:279—311.

Turner, H.L., and Firth, D. (2007a) "Generalized Nonlinear Models." *Statistical Computing & Graphics Newsletter* 18:11—16.

Turner, H L., and Firth, D. (2007b) "gnm: A Package for Generalized Nonlinear Models." *R News* 7:8—12.

Vermunt, J.K. (1997) *LEM 1.0: A General Program for the Analysis of Categorical Data.* Tilburg, The Netherlands: Tilburg University. Retrieved 9/1/2009 www.uvt.nl/faculteiten/fsw/organisatie/departement-en/mto/software2.html.

Vermunt, J.K. (2001) "The Use Restricted Latent Class Models for Defining and Testing Nonparametric and Parame-tric IRT Models." *Applied Psychological Measurement 25* :283—294.

Vermunt, J.K., and Magidson, J. (2005) *Latent GOLD 4.0 User's Guide.* Belmont, MA: Statistical Innovations Inc.

Weakliem, D.L. (1992) "Comparing Non-nested Models for Contingency Tables," in P. V. Marsden (ed.), *Sociological Methodology 1992* (Vol.22, pp.147—178). Oxford, UK: Basil Blackwell.

Weakliem, D.L. (1999) "A Critique of the Bayesian Information Criterion for Model Selection." *Sociological Methods & Research 27* :359—397.

Wong, R.S.-K. (1990) "Understanding Cross-national Variation in Occupational Mobility." *American Sociological Review 55* :560—573.

Wong, R.S.-K. (1992) "Vertical and Nonvertical Effects in Class Mobility: Cross-national Variations." *American Sociological Review 57* :396—410.

Wong, R.S.-K. (1994) "Model Selection strategies and the use of association models to detect group Differences." *Sociological Methods & Research 22* :460—491.

Wong, R.S.-K. (1995) "Extensions in the Use of Log-multiplicative Scaled Association Models in Multiway Contingency Tables." *Sociological Methods & Research 23* :507—538.

Wong, R.S.-K. (2001) "Multidimensional Association Models: A Multilinear Approach." *Sociological Methods & Research 30* :197—240.

Wong, R.S.-K. (2003a, March 1—3) "How Sample Size and Strength of Association Affect the Ability to Detect Group Differences in Cross-classification Analysis." Paper presented at the conference of the Research Committee on Social Stratification (RC28), International Sociological Association in Tokyo, Japan.

Wong, R.S.-K. (2003b) "To See or not to See: Another Look at Research on Temporal Trends and Cross-national Differences in Educational Homogamy." *Taiwanese Journal of Sociology 31* :47—91.

Wong, R.S.-K., and Hauser, R.M. (1992) "Trends in Occupational Mobility in Hungary under Socialism." *Social Science Research 21* :419—444.

Wong, R.S.-K., and Wu, X.G. (2006, May 12—14) "Constructing an Indigenous Socioeconomic Scale of Occupation in Hong Kong: Issues and

Comparisons." Paper presented at the International Sociological Association Research Committee on Social Stratification and Mobility at Nijmegen, The Netherlands.

Xie, Y.(1992) "The Log-multiplicative Layer Model for Comparing Mobility Tables." *American Sociological Review 57*:380—395.

Xie, Y.(1998) "Comment: The Essential Tension between Parsimony and Accuracy," in A.E.Raftery(ed.), *Sociological Methodology 1998*(Vol. 28, pp.231—236). Washington, DC: American Sociological Association.

Xie, Y., and Pimentel, E.E.(1992) "Age Patterns of Marital Fertility: Revising the Coale-Trussell Method." *Journal of the American Statistical Association 87*:977—984.

Yamaguchi, K.(1987) "Models for Comparing Mobility Tables: Toward Parsimony and Substance." *American Sociological Review 52*:482—494.

Yamaguchi, K.(1998) "Comment: Some Alternative Ways to Formulate Regression-type Models for Three-way Contingency Table Analysis to Enhance the Interpretability of Results," in A.E.Raftery(ed.), *Sociological Methodology 1998* (Vol.28, pp.237—247). Washington, DC: American Sociological Association.

Yule, G.U.(1906) "On a Property which Hold Good for all Groupings of a Normal Distribution of Frequency for two Variables, with Applications to the Study of Contingency-tables for the Inheritance of Unmeasured Qualities." *Proceedings of the Royal Society Series A*, *77*:324—336.

Yule, G.U.(1912) "On the Methods of Measuring Association between Two Attributes." *Biometrika 2*:121—134.

译名对照表

additional partial λ-parameters	额外的局部λ参数
alternating scoring algorithm method	交互计分计算方法
association model	关联模型
Bayesian Information Criterion(BIC)	贝氏信息准则
Bayesian posteriori test theory	贝氏后验检验理论
bootstrap standard errors	自举标准误
canonical correlations	标准相关
cell probability	单元格概率
class-classification tables	交互表
collapsed table	压缩表格
Conditional Independence with Association(CIA) Model	有条件独立的关联模型
consistent score restrictions	一致数值限制
crossing models	交叉模型
cross-dimensional constraints	跨元交互限制
cross-table variation	跨表变异
Cumulative General Social Survey	总汇综合社会调查
degenerate sequence of CP solutions	CP解决方法的简并序列
diagonal models	对角模型
discretized bivariate normal distribution	离散化二维正态分布
dynamic masses	动态质量
dynamic positions	动态位置
effects coding	效果编码
error-prone estimates	"易错"估计
factor interaction	系数交互
FORTRAN program	FORTRAN 程序
Full Two-Way Interaction Model(FI)	完全二维交互模型
Gram-Schmidt orthonormalization restrictions	格拉姆-施密特正交化约束
homogeneous equality constraints	同质平等性约束
homogeneous log-linear rows and column effects model	同质对数线性行与列效应模型

Pearson chi-square test	皮尔逊卡方检验
priori fixed scores	先验固定数值
rotational restrictions	轮转约束
row principal normalization	行为主正态化
scaling constraint	尺度约束
scaling tool	量度工具
simple Markov causal chain	简单马尔科夫因果链
spline-like regression function	齿条线回归函数
stimulus generalization	刺激类化
stimulus recognition	刺激识别
"separate spheres" ideology	"隔离领域"的意识形态
the heterogeneous two-dimensional association model	异质二维关联模型
the inverse of the estimated information matrix	信息估计矩阵反函数
three-mode association	三模型关联
topological models	拓扑模型
two-mode distance association model	二模型间距离关联模型
two-way table	双向表
underidentified models	识别不足的模型
uniform association	单一性关联模型
zero and sparse cells	空表格和稀少表格

格致方法·定量研究系列